敦煌艺术荟萃

敦煌

生活智慧探秘

Exploring the wisdom
of Dunhuang life

胡同庆 著

文物出版社

图书在版编目（ＣＩＰ）数据

敦煌生活智慧探秘／胡同庆著 . -- 北京：文物出
版社，2021.8
（敦煌艺术书系／刘铁巍主编）
ISBN 978-7-5010-7092-3

Ⅰ . ①敦⋯ Ⅱ . ①胡⋯ Ⅲ . ①敦煌学－文化史－研究
Ⅳ . ① K870.6

中国版本图书馆 CIP 数据核字 (2021) 第 113568 号

敦煌生活智慧探秘

著　　者：胡同庆

选题策划：刘铁巍
责任编辑：许海意
封面设计：马吉庆
责任印制：张道奇

出版发行：文物出版社
社　　址：北京市东城区东直门内北小街2号楼
网　　址：http://www.wenwu.com
制版印刷：天津图文方嘉印刷有限公司
经　　销：新华书店
开　　本：710mm×1000mm　1/16
印　　张：14
版　　次：2021年8月第1版
印　　次：2021年8月第1次印刷
书　　号：ISBN 978-7-5010-7092-3
定　　价：78.00元

前　言

敦煌，这块位于大漠戈壁之中的一片小小的绿洲，像一颗璀璨的明珠镶嵌在长长的丝绸之路之上。

远离中原的边陲小城，像大海中的一个孤岛，造成了它独立的性格；而作为丝绸之路中的交通重镇，来来往往的商旅，各类不同性质的移民，则造就了它的宽大胸怀。

生活在这里的人们，周边是百十里不见人烟的荒漠戈壁，孤立无援。人们不仅随时要面临复杂多变的恶劣气候，随时要准备遭遇饿狼等野兽的攻击，以及要准备承受一次次战争的洗劫。

然而，这里的人们并没有唉声叹气，并没有怨天尤人。他们没有与天斗，而是努力去认识自然，顺应自然；他们没有与地斗，而是充分发挥这块土地上各种优势，利用各种资源；他们没有与人斗，而是多民族和睦相处——当然，如果有外敌侵犯时，他们会毫不犹豫地奋力抵抗。

生活在孤岛般的荒漠之中，偶然间发现一株小草，一条小虫，都会感到非常的亲切，犹如"他乡遇故知"，倍感生命的宝贵。为此，这里的人们更加热爱生命，热爱生活。

在生活中，他们不仅思考人生，更是珍惜人生，善待人生。他们有海纳百川的胸怀，在发挥自己的聪明才智的同时吸取他人之长，他们不仅在这里顽强地繁衍生存，同时努力使自己的生活丰富多彩，实实在在地过好人生的每一天。

近几十年来，由于旅游事业的不断发展，到敦煌参观的游客愈来愈多，大凡到过敦煌莫高窟的人，无不惊叹敦煌艺术的灿烂辉煌，折服于敦煌艺术的光芒。人们在昏暗的洞窟中瞻仰庄严肃穆的佛菩萨像，看到壁画中多姿多态的飞天，听到许多有趣的佛教故事，感叹敦煌艺术的神奇。

然而，意识到敦煌艺术之平凡意义的人却很少。对于大多数游客来说，并未真正体味到敦煌艺术特别是敦煌文化的精彩。只有感觉到敦煌的平凡，才会真正理解敦煌的精彩。

敦煌之所以精彩，正在于其平凡之处。敦煌之所以享誉全世界，是因为敦煌壁画和藏经洞出土文书真实地记录了当时人们在想什么，在干什么，都是一些最普通、最平凡的事情，而这些才是敦煌最精彩之处。

神秘的敦煌，其实并不神秘。它只是一个许多热爱生活、珍惜生活、善待生活的人曾经生活的地方而已。

目

录

Contents

第一章

开窟造像

三危佛光之谜

敦煌莫高窟的开凿创建，据武周圣历元年（698年）《大周李君莫高窟佛龛碑》载："莫高窟者，厥初秦建元二年（366年），有沙门乐僔，戒行清虚，执心恬静，尝杖锡林野，行至此山，忽见金光，状有千佛，遂架空凿岩，造窟一龛。次有法良禅师，从东届此，又于僔师窟侧，更即营建。伽蓝之起，滥觞于二僧。"

自乐僔在鸣沙山麓开凿莫高窟第一个洞窟，法良随后在其窟侧开凿第二个洞窟后，敦煌佛教艺术之花便从此绽开。

从此，莫高窟对面的三危山，即乐僔所见闪现佛光之山，便成了人们心目中神秘莫测的圣山（图1-1）。长期以来，关于三危金光之谜，众说纷纭。

图 1-1　三危山

三危山，顶峰海拔 1800 多米，山势险峻。正如古人所云："三峰耸峙，如危欲坠，故云三危。"[①]主峰顶上，古代曾建有寺塔，但至清末只是保留遗址而已，今天所能看到的是 1928 年在废址上修建的王母宫。有神话说西王母曾住在这三危山上，并有三青鸟送信引路。

从山顶俯瞰群山，重峦叠嶂，峥嵘突兀，似万马奔腾，似汹涌浪潮，又似血染沙场，气势磅礴，令人浮想联翩。

沿山脊南望，峰峦山谷间，隐约可见散落着的几处寺、塔、牌坊，即曾保存有宋代慈氏塔的老君堂，至今尚有甘泉涌出的观音井，蓝天下兀然而立的"南天门"等。在这光秃秃的群山间，尤显人类顽强的生存力。

凭空西望，宕泉河像一缕缠绵而悠长的青色飘带；透过西岸那疏密相间的绿叶青枝，银灰色的砾岩峭壁上，蜂拥错杂的古洞飞檐，在一片紫烟云气之中若隐若现，那就是千佛灵岩——莫高窟。

再向西北望去，戈壁大漠深处一簇绿色，敦煌城便隐约其间。

到莫高窟参观的自助游散客中，偶尔有人来此登山。但在莫高窟常年工作的年轻人，则常在双休日三三两两相约一起攀登三危山，在休闲情调中探险，既磨炼意志，也锻炼身体，同时也是莫高窟人的一种生活情趣。

上山之路是一条崎岖弯曲的羊肠小道，山上寸草不生，光秃秃的，万一不小心摔倒，根本没东西可抓，骨碌碌一滚便是万丈深渊。

在小心翼翼地攀爬中，眼睛视线自然会关注路边的嶙峋怪石，不经意间，忽然会发现身边的岩石中不时闪闪发光。再往远处细细观望，也偶尔会发现类似的现象。在路边随手也能拾到一些发

①《都司志》"三危"条。

光的小石子，于是挑几粒揣在口袋里带回宿舍。

在互相把玩和闲聊中，才知道这些石粒中含有发光的矿物成分。原来三危山那赤褐色岩石中，其矿物成分有钾长石、斜长石、石英、云母、磷灰石、角闪石等，其中云母矿物包含又有黑云母、白云母、金云母、绢云母等。在阳光照射下，含有不同矿物成分的山体表面自然会反射出奇异多彩的金光。难怪当年乐僔会"忽见金光，状有千佛"，原来这就是"三危佛光"的秘密。

色彩斑斓的丹青

几乎所有到敦煌莫高窟参观的人，都会为洞窟中丰富多彩的壁画和彩塑感叹不已，禁不住会问：这些灿烂的壁画和彩塑使用的什么颜料？一千多年来这些颜料有什么变化？这么多不同品种的颜料从何而来？

敦煌石窟不仅是闻名中外的艺术宝库，同时也是一座丰富的古代颜料标本库。这里保存了一千六百多年间十多个朝代的大量颜料样品，真实反映了各种颜料历经千百年演变的状况。

根据科学分析，敦煌石窟中历代所用的颜料中，白色颜料有高岭土、白垩、云母、滑石、石膏、碳酸钙镁石、白铅矿、角铅矿、石英等；红色颜料有土红（包括赭石、铁丹、煅红土等）、辰砂、朱砂、铅丹、雄黄、雌黄、胭脂等；蓝色颜料有石青、青金石等；绿色颜料有石绿、氯铜矿；棕黑色颜料有炭黑（或墨）、铁黑和变色颜料二氧化铅；黄色颜料有

图1-2　北周第428窟西壁　涅槃变中的小字脸

藤黄；金色颜料有金粉或金箔；银色颜料有云母、银粉。这些颜料大多为天然矿物质颜料，性能大多稳定，因此壁画、彩塑之色泽保持至今，仍然光彩夺目。

　　不过，敦煌壁画中所用的颜料也有变色的情况，如早期壁画在使用凹凸法晕染人物面部时，其肉色中混合的铅白、铅丹，年久日深，随混合的多少不同，有的由红变灰，有的变黑，壁画现状大部分是灰色肌肤，粗黑轮廓；同时，在白色眼球上

图 1-3　西魏第 249 窟南壁　天宫伎乐小字脸

描绘的双目，经岁月磨损，线迹消失，双目及鼻梁在颜面上显得突出，形如白色书写的"小"字，即所谓"小字脸"（图 1-2、3）。另外，也有因变色而形成白鼻、白眼、白眉、白齿、白下巴的特殊颜面，这种"五白"现象在北周第 428 窟有比较集中的表现，即所谓"五白脸"。科学分析认为，壁画中红色之所以演变为棕褐色，是不稳定的四氧化三铅（铅丹）经过千百年大自然光和热的长期氧化而成为棕褐色的二氧化铅。在显微镜下可以看出，表面一层棕褐色的底下（内层）是未变色的粉红色铅丹。鉴定结果是二氧化铅和铅丹的混合物，这说明表层铅丹经长期氧化生成二氧化铅，内层接触空气较少，变化较为缓慢。另外，铅白比铅丹更容易分解，首

先氧化生成铅丹，然后又进一步氧化，生成了稳定的二氧化铅。因为自然氧化比较缓慢，所以变色过程很复杂，红色先变浅，后变白，最终变成棕黑色。如果铅丹和不变色的白色颜料混合使用，就变成了棕褐色与白色相结合的灰色了。据一些研究证明，铅颜料变色还与湿度有关。

敦煌石窟中丰富多彩的颜料有三条获取途径：一、大多数是敦煌一带的矿物加工研磨制成；二、从中原运来的成品或半成品；三、从西域运来的成品或半成品。

敦煌本地所产的颜料有丹砂、朱砂、雄黄、雌黄、绛矾、胭脂、青金石、云母、石青（蓝铜矿）、石绿（孔雀石）等。如敦煌文献 S.3553 写卷《咨启和尚》，是一个牧羊人写给莫高窟某寺和尚的信，信中说托人带来丹、马牙朱、金青三种颜料，并请和尚为他找一个高手画工，另外如还需要什么颜料及数量多少，请随时告知。这封信反映了敦煌放牧人在当地山里就可以觅到绘制壁画所需要的颜料。信中所提到的“丹”即铅丹，“马牙朱”即丹砂，“金青”即青金石。

根据敦煌文献 P.3720《张淮深造窟功德碑》中“龛内丹雘，尽用真沙，路驿长安”的记载，敦煌石窟所用上品朱砂可能来自中原。

虽然记载显示古代放牧人在敦煌附近找到了青金石，从北朝到元代壁画绘制也都广泛应用，但截至目前，在敦煌一带还没有发现有青金石的矿产资源。因此，敦煌古代青金石的来源仍是个难解之谜。

凿窟的方法和工具

进入洞窟后，稍加留心便会注意到，莫高窟的洞窟有的很小，仅能容纳一个人在里面，有的很大，面积相当于一个小礼堂，高度竟有二三十米；大多数洞窟则相当于我们现在居住的大客厅或起居室的大小。

但是很少有人注意到这里的岩层土质，而笔者在偶然中发现这里的岩层土质很奇怪，看上去是一些泥砂夹小颗粒石头，似乎很松散一捏就碎，似乎很容易挖掘。然而，当笔者在附近一个建筑工地上，试着用钢钎、铁镐等工具戳、挖岩土时，禁

图 1-4　北区残窟

不住惊叹：好坚硬呀！一戳，一挖，只能一小块，好像现代用水泥和石子、砂浇灌的质量稍次的混凝土。

试想，如此坚硬的岩土，古代人是怎样开凿洞窟的，不能使用炸药（当时可能没有，有也不能用），也不能像开采石料那样整条整块地采取，只能一锤一錾地凿，一点一点地挖。每次进洞，我常常会想象古代敦煌人开凿这个洞窟时的情景，并推算和感叹开凿完成这个洞窟需要多少岁月。

那么，古代人究竟使用什么方法和工具开凿洞窟的呢？开凿一个洞窟又需要多少时间呢？

根据石质情况和窟形来推测，估计古人是采用下挖法施工的。首先，这样做比较安全；其次，用力方向朝下省力方便；再次，从上往下挖时可用水浸泡以使石质松散，易于挖凿。因此，打窟匠人很可能是开完甬道即斜上凿导洞至顶，扩大窟顶后再逐渐下挖成形（图 1-4）。

关于开窟所用工具，据有关碑记的描述，主要有绳、钩、锤、錾等，均是很原始的工具，全是靠人工一点一点地凿挖而成，由此可见当年开凿造像之艰难。

各窟开凿所用时间，因用工多寡和洞窟大小而不同。莫高窟第 130 窟，动工于唐开元九年，而开元十三年的发愿文幡已经被裹在窟内崖体与泥皮地仗的夹缝中，证明当时已开凿完毕。也就是说，第 130 窟这座大像窟，大约用了四年时间才凿成。

莫高窟第 156 窟，营造于 9 世纪中期。敦煌文献 P.2762《张淮深碑》载"三载功充"，这包含了从开凿到绘塑等全部工程完工的时间，而绘塑与修建窟檐的时间应该是几个月以内的事，由此可以推测纯开凿用时应在两年半左右。

图 1-5　北魏第 257 窟窟室内景

另外，我们注意到各洞窟的内部空间均有一定的比例关系。如敦煌北魏时期的中心塔柱窟，墙面的高宽之比多为4:6，近于"黄金分割"的法则。特别是北魏第257窟，与其他北魏窟相比，其墙面高度正好多出该窟中《沙弥守戒自杀因缘》《九色鹿王本生》《须摩提女因缘》环形条状壁画的高度，证明开凿此窟前预先考虑到要增绘这一环形条状壁画（图1-5）。这说明，洞窟在开凿之前还需要有精心设计的施工方案。

彩塑的制作过程

敦煌石窟的造像，因窟址大多位于不宜雕刻的砾岩崖壁上，故多为泥塑像或石胎泥塑像。

从一些已经残破的彩塑上，可以看到敦煌石窟的泥塑骨架制作非常巧妙（图1-6）。小型彩塑，是先用木头削成人物的大体结构，使木胎显示出人物的基本造型和动态，然后表面塑以细质薄泥，刻画细部，最后上色而成。中型彩塑的骨架，一般是根据塑像姿势动态选用适当弯曲的圆木，或根据情况砍削，如将脖子位置砍细，另外有的以木板制作手掌，以方形铁条做手指，也有以圆木削制成有榫的手臂形象的构件，非常接近木胎包纱的制作方法，十分精细。高过二三十米的大型塑像，则不用木质骨架，而是在开窟时，预留塑像石胎，然后在石胎上凿孔插桩，再于表层敷泥塑成。

大多数彩塑，即中型塑像，上泥前需用芨芨草或芦苇捆扎成人物大体结构，既省泥又可减轻圆木立柱的负重。用泥大多只有两种，粗泥和细

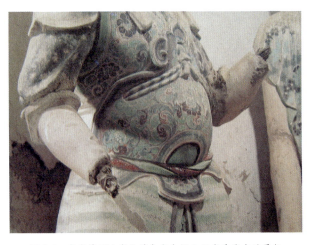

图1-6　盛唐第194窟西壁龛内南侧天王残手露出的骨架

泥。粗泥用澄泥加麦秸，塑作人物大样。细泥由用澄板泥七成、细沙三成，加水和成稠泥，加麻丝或棉花，用来塑人物表层和五官、衣褶、佩饰等。

泥塑的敷彩，都是重彩平涂或加叠晕。至于许多泥塑失去原先的敷彩，其原因是多方面的，如天长日久、光照污染、临河水汽以及火灾等，绝非这里的古代匠师不重视上彩。然"失之东隅，收之桑榆"，失去敷彩倒可使观者更着重于雕塑形体的欣赏，更突显雕塑的造型特点和技艺。直至今日，我国民间彩塑艺人还十分注意塑与彩的紧密配合，尤其强调上彩的重要性，"三分塑七分彩"之说似乎有些过分，却正是我国传统泥塑注重装饰美的反映。

石窟雕塑都是彩塑，不管是泥塑还是石雕，只有敷彩后才是完成的作品。甘肃各地石窟造像在敷彩上，所用颜料大体上差不多。北朝敷彩比较简朴沉着，主要用土红、石绿、石青、白、黑等颜色；佛像多以土红大面积平涂通肩衲衣，菩萨的裳、裙、飘带多用石青、石绿等色，调出深浅，叠染而成；面部及手脚，则用白色或肉色；发髻、眉毛、眼睛、胡须、眼睑和人中，则描以石青、石绿、黑、土红等色。隋代彩塑出现许多织锦图案和五光十色的璎珞装饰。唐代彩塑的敷彩更加富丽，许多地方装金，至今还闪烁着光彩。五代、宋等晚期彩塑，在敷彩上演变成比较清雅的色调。另外，许多

图 1-7　西魏第 248 窟中心柱东向龛 菩萨

石窟造像，为了使塑像更加鲜明生动，根据人体肌肉的起伏变化上色，凹处用重色，凸处用浅色，强化了塑像的立体感。在塑造过程中，还有意不把胡须、铠甲、飘带等细节塑刻出来，而是留给敷彩时去最后完成，有些菩萨像身上的飘带在连接

到壁画之后就不用泥塑了，而是画在壁面上，将塑像与壁画完全融合成一个整体（图1-7）。

壁画的制作过程

敦煌石窟开凿在酒泉系砾岩上，地质结构粗糙坚硬却又易风化，岩壁极不平整，无法直接绘制壁画。因此首先要制作壁面，一般是用掺入麦秸的粗泥抹到凿好的石壁上，捶紧压平，然后再抹一层细沙泥，形成光滑的壁面。

然后是在壁面上勾画轮廓，也可谓作壁画起稿上墙。用长线以土红粉末纵横弹出各大部分的大体轮廓，将墙面分割成若干小平面，然后在各小平面内确定形象的具体比例关系，在规定的范围内，用土红描成人形或其他形象。

除了使用弹线定位的方法外，更多的是使用粉本。粉本是专供复制用的画稿，敦煌粉本是多层厚纸制成的，为耐久之目的，在多数情况下，于纸上画墨线，并沿墨线打小洞，或覆盖于另一纸上打孔。复制稿没有原稿那样的墨线。在实际应用中，粉本置于所要绘制的表面上，红色墨粉通过粉本的小孔，在下面就出现了一系列红色斑点连成的轮廓。

勾画好轮廓后，便是涂刷底色。底色又叫地色，用一定覆盖力的颜色刷底，使全窟壁面有一个统一的基调，而形象的轮廓仅隐约可见。也有以粉底为底色，先在草泥地仗上涂白粉，然后在粉壁上起稿敷彩；还有在草泥地仗上直接起稿并敷彩完毕后，对泥壁的其余部分遍涂红色掩盖之。壁面上大片的红色或白色，各自衬托出不同的壁画效果；其他类似的衬托色，也叫底色或地色。红、白两种底色，各时代都有，北朝时期涂红底色的壁画更普遍，隋唐时期则以粉壁为底色更流行，宋、西夏、元代壁画中还出现了青、绿底色。

赋彩上色，即根据壁画内容和当时人们审美需求，细致地将各种颜色描绘到相应的壁面位置上，特别处理好不同色彩之间的交接关系，使晕染时的重色与浅色形成自然的过渡。古代佛教寺院和石窟中的壁画，一般都是由师徒相承集体合作完成，绘制之初由师傅起样定稿，决定色彩分布，师傅将应涂之色用符号写在画上，助手按符号布色。根据壁画色彩与符号印证，敦煌壁画中已发现的布色符号有"夕"（绿）、"工"（红）、"＊"（青）三种，各取字形中的局部为代号。

　　在大多数情况下，壁画人物在敷彩以后，轮廓模糊不清，尚需最后用墨线或赭色线精心勾勒人物五官、手足、衣饰等细部，使形象更加清晰完整。这最后一次描出轮廓的线称为定形线，这个过程叫做勾定形线。敦煌莫高窟北魏第263窟、西魏第285窟等，随处可见清晰的定形线。唐代壁画色彩富丽，同样需描线定形，如莫高窟第329窟东壁说法图下的女供养人像，供养人身穿质薄的罗衣，犹能清晰辨认起稿线与定形线的区别。

　　最后的一道工序是提神点睛。勾定形线之后，画面形象已完整清晰，但有时画家为了使形象更加生动传神，往往于人物的眼、鼻等处勾描

图 1-8　石窟艺术的创造者　潘絜兹绘

"高光"，收到形象鲜明、生动传神的艺术效果。

灿烂辉煌的敦煌壁画就是这样在许多工匠的互相合作中，通过一道一道的工序逐步创作出来的（图1-8）。

工匠的类别、身份及生活状况

参与敦煌石窟营造活动的工匠，主要有以下几类：

第一类是打窟人，即在莫高窟崖壁上凿岩镌窟的工匠。从事这项工作的人主要是石匠。但和专业的石匠有所区别，因为一般石匠还要从事大型石料的开采和石料的加工制作，而开凿洞窟只能一锤一錾地凿，一点一点地挖，所以相对较为简单。因为莫高窟崖面为第四纪酒泉系砾岩沉积，十分坚硬，开凿工作仍然非常艰辛。

第二类是泥匠，即从事壁画地仗制作及窟前木构窟檐的工匠。具体工作是窟内四壁在崖体上抹麦草泥皮，再在泥皮上抹一层白灰或刷一层白粉。另外也承担窟前墙壁的垒筑等工作。

第三类是灰匠，即专门调配白灰的工匠。白灰在古代敦煌的土木建筑中大量使用，是白灰与麻丝的混合物，主要用于壁画表面和一些建筑物的表面。

第四类是木匠，级别较高的木匠负责窟檐的总体设计、用料计算、施工的组织和指挥等，一般木匠承担木构零部件加工及营造施工等。

第五类是塑匠，主要负责窟内塑像的支架捆扎和敷泥等工作，表面彩绘则由画匠承担。

第六类是画匠，负责整个洞窟壁画的制作，另外还承担泥塑、窟檐的彩绘等工作。

根据敦煌文献记载，9～10世纪时各个行业的工匠们，分别有不同的技术级别。其中最高的级别是都料，是同行业中的组织者和工程的规划、指挥者。塑匠和木匠中有都料，但石匠和泥匠中没有都料，他们服从木匠都料的指挥。较都料次一级的叫博士，博士具备过硬的专业技术，可以从事高难度技术劳动并能独立完成所承担的工程任务，这一级别的工匠在各行各业中都有。都料和博士级的画匠、塑匠，一般都可以称"师"或"先生"。

在工匠阶层中被称作"匠"者，为独立从事一般技术性劳动者，是工匠队伍中的主体力量。工匠以下，还有大量随从或协助工匠的杂工，敦煌文献中称其为"人夫"。

从身份上看，敦煌古代工匠大体分为三类。一是属于官府的工匠，二是属于寺院的工匠，这两类人的工匠身份是世袭的，属于奴隶或农奴性质的被役使者，人身自由受到限制。第三类是手工业劳动者，他们有一定的土地、财产和庄园，也不受官府和寺院的管辖，属于自由民。

在古代敦煌的工匠队伍中，还有两类特殊身份的工匠。一是一部分僧侣也从事工匠的劳动，在敦煌，僧侣参加劳动是比较普遍的事，一般以农业劳动为多；但很多情况下也从事手工业劳动，参加开窟造像，因此敦煌僧侣中出现了一批有一定技能的画匠、塑匠等。二是一部分官家、贵族子弟或已在军政部门为官者也从事工匠劳作，如当时担任归义军"左神武统军长使兼御史中丞"的张延锷，便亲自"敬心写画"图文并茂的佛经。又如948～949年，在外地为官的节度小吏安某及家人重修莫高窟第129窟时，从事画窟的长子安存立、女婿张弘恩二人都是画匠，但二人都在归义军内担任一定职务。这些人亲自操作工匠活计的事实说明，写经、绘画、造窟等在当时是在一种神圣的信

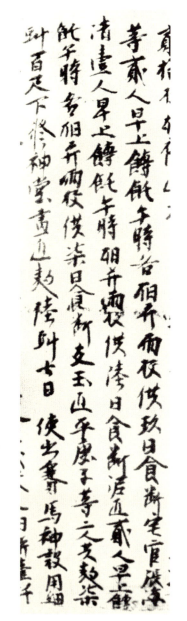

图 1-9　P.2641 归义军宴设司账目
（部分）

图 1-10　北区 B119 窟东南角的灶台

念支配下的社会性活动。

窟主、施主们选募工匠为其营造佛窟，是要付给一定的工钱的，但从工匠方面讲，他们往往把造窟活动视为一种功德而少取工钱，或者义务劳作。出于信仰，有的工匠不仅不要工钱，还慷慨捐钱。如第 365 窟窟门内侧有条题记云："光绪二年四月初三日起工安门，……木工：周贵施钱壹两八钱，姚克昌施钱陆钱，唐贵施钱陆钱。"

工匠们的生活非常简朴，如饮食方面，工匠们平常为官府或寺院所役使时，一般是由官府或寺院按定量供给食物。如敦煌文献 CH.00207《乾德重修北大像记》云："木匠五十六人，泥匠十人。其工匠官家供备食饭；师僧三日供食，已后当寺供给。"P.2641《归义军宴设司账目》中也记载道："泥匠贰人，早上馎饦，午时各胡并（饼）两枚；供柒日，食断。"（图 1-9）馎饦，据有关专家研究大概是类似现代揪面片之类的面食，胡饼就是普通的烧饼。也就是说，每天工匠们的饮食主要是汤面片和烧饼，而且数量有限。

在近年发掘的莫高窟北区一些洞窟里，发现窟内有灶（图 1-10）、有烟道、有炕，有学者认为这些洞窟可能是古代画工、塑匠曾经居住的地方，但也有学者认为这些洞窟只是僧人居住的僧房窟。

第二章

一心供养

供养人画像的数量、身份

据有关专家统计，在莫高窟十多个朝代的洞窟中，共绘制有 9069 身供养人画像（图 2-1）：北凉 46 身、北魏 84 身、西魏 218 身、北周 1903 身、隋代 1458 身、唐代 2105 身、五代 1736 身、回鹘 56 身、宋代 1220 身、西夏 177 身、元代 40 身、清代 26 身。

所谓供养人，就是信仰佛教，为之出资出力，开窟造像的施主和捐助者，包括当时社会各阶层、各民族的佛教信仰者，既有王公大臣、地方官吏、贵族妇人、寺院僧侣，也有戍边将士、庶民百姓、官私奴婢等；既有汉族人，也有匈奴族、鲜卑

图 2-1　北周第 428 窟中心柱 女供养人

族、吐蕃族、回鹘族、党项族、蒙古族等族人。

供养人为了开窟造像，有钱出钱，无钱出力，共同构成造就宏伟敦煌艺术的经济基础。造窟的规模取决于功德主（供养人）的社会地位和经济力量。有独家造窟，也有多姓集资造窟。早期独家营造的如隋代第62窟，是题名"信士成陀罗供养"的功德窟，窟内依次排列着一家祖孙三代的供养像。初唐有第220窟为"翟家窟"，盛唐第148窟为"李家窟"，中唐第231窟为"阴家窟"，晚唐第156窟为"张家窟"，五代第98窟为"曹家窟"等。集资造窟的如北周第428窟，是集合当地僧人所造。另外还有由社团组织集资集力修造的洞窟，如中唐第90窟，晚唐第147窟，宋代第205、370、443等窟。

这些善男信女，不仅从精神上笃信和宣传佛教思想，更多的是从物质上"割舍资财"开窟造像，弘扬佛教事业。如据专家考证，唐代营造的第130窟，仅凿挖洞窟就用了四年，而绘制壁画则花了三十年，其间需要多少财力和人力，可想而知。据敦煌传说，初唐时为了建北大像（第96窟，亦称九层楼），历时十二年，工人日食食盐达一石六斗之多。此说固然有夸张失实成分，但亦可见其工量之巨。并且据文献记载，宋时（966年）仅仅为了拆换该窟两层撑木，就动用了普工二百四十人，"木匠五十六人，泥匠十人"，历时十天，计役工三千以上，由"官家供备食饭"。另外民国时期，为了将原五层楼阁改为九层楼阁，"集合官绅农商各界"，历时八年，"用金一万二千元"。由此可见，若将整窟开凿、塑像敷彩、绘壁作画、砌墙建楼等等工程全部计算，则其役工之众，当难以数计，没有雄厚的经济基础是办不到的。

实际上，壁画中所绘制的供养人画像只是所有供养人中的一部分，真正参与开窟造像以及修缮维护的人数肯定超过这个数量。所有的参与者，不仅仅是出资出力开窟造像的人，包括后来不断前来朝拜礼佛的善男信女，也都是敦煌艺术的创造者。

弘其迹的地方官吏

宗教及宗教艺术的发展、繁荣，往往离不开地方政权即地方官吏的倡导、支持，敦煌佛教石窟艺术的发展也充分证明了这一点。

据敦煌文献 P.2551《李君莫高窟佛龛碑并序》记载，自乐僔、法良在莫高窟开窟之后，"复有刺史建平公、东阳王等各修一大窟，而后合州黎庶，造作相仍。……乐僔、法良发其宗，建平、东阳弘其迹"。

东阳王，即北魏宗室元荣，亦名元太荣（？～545年）。北魏孝昌元年（525年）元荣出任瓜州刺史（敦煌时称瓜州），永安二年（529年）受封东阳王。元荣在敦煌统治近二十年，期间他团结敦煌豪右，保境安民，信奉佛教，出巨资写经十余部，达数百卷，又开凿佛窟，规模宏大，莫高窟第285窟即是元荣当政时期所建的大窟。藏经洞出土的许多佛经文书后面有元荣的抄经题记，这些佛经大多是献给佛教的梵天王、帝释天王、毗沙门天王的，希望这些天王帮助他保家卫国，护佑敦煌一方平安。元荣对佛教事业的大力倡导、支持，促进了开窟造像的风气，对于敦煌佛教艺术的发展有很重要的作用。

建平公，即北周大臣于义（534～583年）。历任西兖州、瓜州、邵州刺史，因以德化人，治理有方，北周朝廷赐封他为建平郡公。北周保定五年至建德五年（565～576年），在敦煌任瓜州刺史期间，继续了元荣在莫高窟的开窟造像活动。学界认为今第428窟便是于义组织修建的一个大窟。该窟内绘有1200多身供养人画像，其中绝大部分是僧侣，他们来自河西的广大地区，有一条题记清晰地标明"凉州沙门比丘道珍"。于义能够组织全河西的僧侣参加莫高窟的造窟活动，实属不易之事。

在莫高窟的营造历史上，东阳王元荣和建平公于义无愧于"弘其迹"的盛名，正是由于他们的身体力行，才使莫高窟的营造活动开始了大规模的持续发展。

除了东阳王元荣和建平公于义外，支持佛教事业、弘扬佛教艺术的地方官吏还有很多，这其中必须介绍的还有唐、五代时期的张议潮和曹议金。

张议潮（799～872年），唐沙州人，郡望南阳。早年就读于寺学，中年为吐蕃沙州刺史。阴结豪杰，于大中二年（848年）乘吐蕃内讧，率众起义，收复敦煌、晋昌，后克甘、肃等州。随后派僧悟真，和兄议潭分十路往长安献表归唐。献瓜、沙、伊、西、甘、肃等十一州图籍。在被任为沙州防御使，置归义军于沙州，张议潮为节度使。后又于咸通二年（861年）命侄张淮深收复凉州。咸通八年（867年）入朝，授右神武统军，南阳郡开国公。张议潮在位时，许农户垦种荒田，放免寺户、奴户；恢复汉制、汉装、汉语等。信仰并倡导佛教，敦煌遗书中存有就学时所抄一些经卷写本，如《佛说无量寿宗要经》（北夜59）、《释如来稻芉经》（S.5835）。第156窟是其功德窟，内有其父母、兄姊、子女等人的供养像及题名，以及规模宏大的张议潮与妻宋氏的出行图（图2-2）。

张氏当政时期，世家豪族纷纷以"报恩""庆寺"为名，营造了不少洞窟，莫高窟新开凿洞窟有70多个，另外还续建和重修了一批前代的洞窟。新建的洞窟主要分布在崖面的顶层、底层和南北两头。经过这一时期的营造，形成了莫高窟南区

图2-2　晚唐第156窟南壁　张议潮出行图（部分）

窟群崖面今天的规模。

曹议金（？～935 年），唐末五代沙州人，归义军节度使索勋女婿，张议潮外孙婿。始名曹仁贵，后称议金（图 2-3）。有学者考证可能是栗特人后裔。曾任沙州刺史、归义军节度使、瓜沙等州观察制置使等。主政期间积极恢复与中原王朝的归属关系，并特别注意周边民族关系，曾娶甘州回鹘可汗的圣天公主为妻，并将一女嫁甘州可汗为妻，一女嫁于阗国王李圣天为妻。其曹氏家族统治达 120 余年（914～1037 年），即敦煌史所谓曹氏归义军时期，又称归义军后期。曹议金崇信佛教，第 98 窟是其功德窟，窟室高大、宏

图 2-3　榆林窟五代第 16 窟甬道南壁　曹议金供养像

伟，现存供养人画像 251 身，题名 163 条，反映了曹氏家族之兴盛，势力之强大。另外第 100 窟绘有曹议金与其回鹘夫人的出行图。

曹氏政权时期，大造窟寺，新凿洞窟 40 多个，重修前代洞窟多达 240 多个。曹氏还仿效中原，设立了画院，院中有凿窟的石匠、制作彩塑的塑匠和绘制壁画的画师等，对敦煌佛教寺院的兴建和石窟的开凿，起了很大的推动作用。

支持佛教事业的贵族妇女

常言道，一个成功男人背后往往有一个女人的支持。宗教事业也是如此，许多地方官吏和豪族男性之所以支持佛教事业，除了政治等方面的因素以外，其家庭中女性成员对宗教的信仰，也有其一定的影响。

古代妇女由于多种原因，与男性比较相对处于弱势，故具有更多的依赖性，也

更容易成为宗教信仰者。而当她们从事宗教活动时，自然会对身边的男性有所影响。

开凿的佛教洞窟中，女性可以留下与相同等级男性几乎同样大小的画像，还可以留下其姓名与身份等题记。由此可见，妇女能够在佛教石窟的开凿造像过程中，获得平常不可能有的某种平等和荣誉，同时也能感受到妇女特别是贵族妇女对佛教事业的支持和作用。

在敦煌佛教艺术史上，有名的贵族妇女主要有盛唐时期的都督夫人王氏、晚唐时期的张议潮夫人宋氏、五代时期曹议金的回鹘夫人和于阗国王李圣天皇后曹氏等。

唐天宝十二载（753 年）前后，朝议大夫使持节都督晋昌郡诸军事守晋昌郡太守兼墨离军使乐庭瑰，出任晋昌郡（瓜州）。莫高窟第 130 窟甬道北壁绘都督乐庭瑰与三个儿子、四个奴仆，南壁绘都督夫人王氏与两个女儿、九个奴婢，这就是著名的《都督夫人太原王氏礼佛图》。这幅图高约 3 米，宽约 3.5 米。画面中，前面的都督夫人身高超过真人，后面的人物身高则递减，显示出一派等级森严的气氛。都督夫人和两个女儿都是遍身绮罗，满头珠翠，一望便知是豪门贵族眷属，但均做虔诚礼佛状。图中有沥粉堆金题名"都督夫人太原王氏一心供养"、墨书题名"女十一娘供养"和"女十三娘供养"，不仅表明其显赫的身份，同时也真实反映了当时贵族妇女对佛教的信仰和支持。

晚唐第 156 窟南壁和东壁南侧下部绘《张议潮统军出行图》，北壁和东壁北侧下部绘《宋国夫人宋氏出行图》，夫妇相对。两幅出行图均为横卷式，各长 8 米余，高 1 米余。《张议潮统军出行图》分前部仪卫、中部张议潮、后部射骑猎队三部分；《宋国夫人宋氏出行图》也分为前部杂技乐舞、中部宋氏、后部饮食供养三部分。图中张议潮戴幞头，穿大红袍，腰束革带，扬鞭骑白马，前侧有榜题"河西节度使捡校司空兼御史大夫张议潮统军□除吐蕃收复河西一道行图"；夫人宋氏束高髻，按一品夫人冠服制，髻上插花钗九树，穿青罗大袖襦，长裙，披纱巾，蹬高头履，执缰骑白马，前侧有榜题"宋国河内郡夫人宋氏出行图"（图 2-4）。这里，男性和女性的画面、形象都是一样的大小，装束、队伍、榜题等等也都是相应的对称，看不到常说的男尊女卑，故实际上衬托了女性夫人宋氏的地位。这两幅图，宣传了佛教的"众生平等"思想：推翻异族统治是追求民族间的平等，尽可能消除性别差异是追求男女平等。由此也可从另一个侧面了解为什么大量的妇女会成为佛教信仰者、支持者。

五代时期，即 10 世纪曹氏归义军政权建立后，为与甘州回鹘修好，保持同中原联系的道路畅通，节度使曹议金遂娶甘州回鹘可汗之女为妻，在

图 2-4　晚唐第 156 窟　宋氏夫人出行图（局部）史苇湘等临

他原有索、阴、宋诸夫人中，甘州回鹘公主是第一夫人。其画像见于第 98、100、61 等窟，或绘于甬道北壁第一身，与绘于南壁窟主男供养像相对；或绘于主室东壁女供养人的第一身，以表示她在这个家族妇女中的显赫身份，同时也是这一时期民族关系融合的象征，还表明了回鹘民族对佛教事业的信仰和支持（图 2-5）。

曹议金特别注意周边民族关系，不仅娶甘州回鹘可汗的圣天公主为妻，并将一女嫁甘州可汗为妻，一女嫁与于阗国王李圣天为妻。莫高窟第 98 窟东壁门南绘于阗国王李圣天头戴冕旒，身穿衮袍，像前有墨书榜题："大朝大宝于阗国大圣大明天子……即是窟主。"于阗国王身后绘其皇后曹氏供养像，皇后头戴凤冠，身穿左

图 2-5　五代第 61 窟　回鹘公主供养　　　图 2-6　五代第 98 窟　于阗国王皇后曹氏供养像　李其琼临
　　　　像　万庚育、冯仲年临

祎礼服，两肩披帛，脚穿绣花平鞋，像前有墨书榜题："大朝大于阗国大政大明天册全封至孝皇帝天皇后曹氏一心供养。"（图 2-6）

　　莫高窟中有画像有题名的贵族妇女还有很多，她们都是敦煌佛教事业的有力支持者。

具有核心作用的僧侣

　　在供养人画像中，有大量的僧侣形象（图 2-7），同时还保留有不少题名和发愿文。从中可以看到这些僧侣不仅出资出力，同时还在建窟造像过程中参与策划、组织等工作，是非常重要的核心力量。

僧侣为窟主的，有盛唐第387窟的康僧统，中唐第188窟的僧统思云、第365窟的吴僧统，晚唐第12窟的沙州释门都法律和尚金光明寺僧义辩、第85窟的翟僧统、第144窟的龙兴寺上座索龙藏、第196窟的何大法律等。洞窟内或藏经洞出土文献中分别有题记或发愿文、功德记，其中记载了他们在莫高窟营建过程中起的作用，如P.4640《吴僧统碑》云："（吴僧统）勤勤

图 2-7　晚唐第 345 窟甬道南壁　供养比丘

谛思，恳恳增修，开七佛药师之堂，建法华无垢之塔者，其惟我教授和尚焉。"又P.4640《沙州释门索法律窟铭》云："（义辩）惠难舍之资身，殷勤三宝。写大集之教藏，法施无穷。建宝刹于家隅，壮成紫磨。增修不倦，片善无遗。更凿仙岩，镌龛一所。召良工而朴琢，凭郢人匠以崇成。竭房资而赏劳，罄三衣而务就。内素并小龛十千周遍。"

这些僧侣窟主不仅在佛教界有较高的地位，而且他们多出生于豪门望族，或与当地达官贵人有姻戚关系。如释洪辩（吴僧统，图2-8），便出生在一个官宦家庭，其父亲吴绪芝初任唐王府司马、千夫长、上柱国并赐紫金鱼袋，后随军镇守西陲边土，因功授建康军使；其母为南阳张氏，与归义军节度使张议潮同宗，是敦煌世家

图 2-8　晚唐第 17 窟北壁　洪辩像

图 2-9　第 61 窟甬道南壁元代绘　扫酒尼姑

大族之一。又如释义辩，俗姓索氏，索氏是敦煌的名门望族，世代官宦。义辩的祖父索奉珍因抗击吐蕃有功，官至左金吾、卫会州黄石府折冲都尉；父亲索定国是一位顿悟大乘佛教的贤士，兄索清宁任沙州防城使，弟索清政是敦煌名士，侄索忠颜为监察侍御史、镇守凉州，侄索忠信为河西节度押衙。

敦煌僧尼中，贵族妇女出家的也不少，如晚唐第 156 窟西壁龛下南向第 4 身题名为"姊师登坛大德兼尼法律了空"的女供养人画像，便是节度使张议潮的侄女。另外据敦煌文献 P.3556《张法律尼清净戒邈真赞并序》记载，清净戒尼张法律是张议潮的孙女；据 P.3556《曹法律厶乙邈真赞并序》记载，尼师曹法律是节度使曹议金的侄女。

毫无疑问，这些出生于豪门望族的僧尼在敦煌佛教石窟的营造过程中，一定会得到其家族方面的大力支持。同时，他们及其家族的表现，也会在当地百姓中间起到示范、效仿的作用。

据有关专家统计，莫高窟所绘的 9000 多身供养人画像中，有 1800 多身僧尼。其中除少量与豪门望族、达官贵人有关系外，绝大部分是普通僧尼，如第 61 窟甬道南壁元代绘一身扫洒尼姑像，图中一老年比丘尼穿灰色长衫，身躯略显伛偻，双手捧花合十伫立，画像前同时用汉文和西夏文墨书榜题："扫洒尼姑播盉氏愿月明像。"（图 2-9）

普通僧侣在开窟造像活动中也起到策划、组织或榜样作用。如据敦煌文献 S.3540《比丘福惠等十六人造佛窟约》记载："庚午年正月廿五日，立凭比丘福惠，社长王安午，将头罗祐乾，乡官李延会、李富进、安永长……等壹拾陆人，发心于宕泉修窟一所。……比丘愿澄，充为祇食纳力。又胡住儿亦随气力所办应遂。"这里面的比丘福惠显然有带头人的意味，比丘愿澄则似乎负责后勤的组织工作。

僧侣们作为供养人，其目的也很明确，如西魏第 285 窟北壁《比丘辩化发愿文》云："佛弟子比丘辩化，仰为七世父母、所生父母，敬造迦叶佛一区（躯）并二菩萨。因此微福，愿亡者神游净土，永离三途，现在居眷，位太（泰）安吉；普及蠕动之类，速登常乐。"

庶民百姓是洞窟营造的基础力量

虽然对于佛教事业的发展来说，地方官吏、豪门望族以及僧侣集团在其中起着引导、示范的作用，但普通百姓才是其最重要的基础力量，是佛教事业及其艺术发展的土壤。正如敦煌文献 P.2551《李君莫高窟佛龛碑并序》在叙述莫高窟营造历史时所云："合州黎庶，造作相仍。"莫高窟能有今天的规模，除了地方官吏、世家大族大事营造之外，广大庶民百姓的营造也是主要原因之一。如果按照窟龛数量计算，还是由庶民百姓所造的小型窟龛为多。

敦煌庶民百姓从事洞窟营造的组织形式主要有三种：以社团为单位进行的团体营造，以家族为单位进行营造，以个别供养人身份参与营造。

结社合资合力营建或重修佛窟的，如 P.2991《敦煌社人平诎子一十人创于宕泉建窟一所功德记》中记载："今则有邑人义社某公等十人，……社众等修建之岁，正遇艰难，造窟之年兵戎未息。于是资家为国，创建此龛。……众心坚固，以毕为期。

星霜再换，功就不迟。家财减撤，决无改移。"据马德先生研究，今晚唐第147窟可能就是平㐹子等十人所建之窟，窟内现残存男女供养人画像各8身，其可辨识之题名均冠以"社人"，如"社人刘藏藏""社人刘贤德"等，他们可能是平㐹子之同伴。供养人画像中的女性，是这些社人的眷属，她们不参加签约，但实际上也是佛窟营造的支持者和参与者。

又如中唐时期，敦煌庶民社团对第205窟进行了补修，在该窟西壁尚存的近30条社人供养人题记之中，有刘、王、李、胡、竹、程、马、雷、张、平、氾、孙、顾、薛、范、樊等十多个姓氏，可见这是一个比较大的社团。

据晚唐第192窟中现存《发愿功德赞文并序》记载，867年前后，敦煌清河社社长张大朝与"社官朱再靖、录事曹善僧等三十余人……贸召良工，竖兹少福，乃于莫高岩窟龛内，塑阿弥陀像一铺七事，于北壁上画药师变相一铺……又年岁至正月十五日、□七日、腊八日悉就窟燃灯，年年供养不绝"。

以家族力量进行营建或重修佛窟的，如建于隋大业九年（613年）的第282窟，是一位比丘尼及家人为其亡父母营造的；同时代的第62窟是以比丘普济为首的成氏家族营造的。归义军时期，敦煌地区的庶民百姓普遍以一家一户为单位营造佛窟，如据P.4640《潜建、妙施兄妹功德赞并序》记载，一个普通张姓人家的僧尼兄妹潜建、妙施，"兄随妹顺，罄舍珍财，贸招工人，镌龛图素"，其开凿的洞窟可能是今第198窟。又P.3302《某氏兄弟建三龛功德记》记载："宕泉窟内，创建三龛，并立前檐，兼施□图；城北庄建雀□□浮图，孟子渠中造如来之灵塔。……兄恭弟顺，无赞五龙；不畜房资，空持一钵。"据专家考证，该兄弟创建的三龛可能是今第27、29、30窟。

第107窟建成于871年前后，这个小窟是由一个普通而又特殊的家族营造的，这个家族的成员除了父母、兄弟姐妹、子孙以外，还包括作为奴婢身份的喜和母女。该窟内尚保存喜和母女的供养画像，并有题记云："愿舍贱从良，即女喜和一心供养。"（图2-10）有学者认为喜和母女是"妓女"，但有学者根据敦煌文献中大量

图 2-10　晚唐第 107 窟东壁　喜和母女供养像

的"放良"文书分析，认为喜和母女应该属于被"放良"的奴婢。

　　庶民百姓以个人身份参与佛窟营造的，如窟主东阳王元荣建造的西魏第 285 窟，窟内又有信士阴苟生、滑黑奴和信女阿丑、阿媚等许多人的供养画像和题名，这些人就是以个人身份参与该窟营造的。他们不是单独营造一个洞窟，而是在别人开凿好的洞窟内，出资占得方寸之地并根据需要绘上佛画和自己及相关人员的供养像。这种情况在莫高窟营造史上一直存在。如隋代初年由僧众团体营造的第 302 窟和由某氏家族营造的第 305 窟，共残存近 10 处僧俗单独绘制佛画的发愿文及其供养像，都是以个人身份参与营造。

又如盛唐第 166 窟东壁，绘地藏菩萨、阿弥陀佛、药师佛等画像，其下的供养人题名之一为"行客王奉仙一心供养"，王奉仙是京兆人士，开元二十年（731 年）以行客身份随驼队出使安西。第 166 窟东壁门北的地藏菩萨等画像，可能便是王奉仙及其同伴途经敦煌时出资绘的功德像。

敦煌的庶民百姓参与莫高窟的营造活动，还有更多的方式。例如敦煌文献 S.3553 记载了一位山区普通牧主利用日常劳作之便，经常为莫高窟提供颜料的事迹。其中反映了敦煌的庶民百姓对莫高窟的热爱和关切，对莫高窟的营造倾注了满腔的热情。由此可见，敦煌莫高窟营造具有多么良好的社会基础。

第三章

天国向往

以须弥山为中心的世界观

世界观能让人们认识自己在世界中的位置，人生观能让人们认识自己生存的价值。了解自己所处的位置和认识自己的生存价值，才有利于主动、科学地去"养生"。

须弥山，是敦煌艺术中随处可见的图像，反映了古代敦煌人的世界观。

敦煌壁画中最早的须弥山图像见于西魏第 249 窟窟顶西披。画面中身形高大的阿修罗王赤裸上身，腰系短裙，四目四臂，其中二臂上举，一手托日，一手托月，双足立于大海之中，其身后耸立着巍峨的须弥山。须弥山腰有二龙缠绕，山顶为帝释天宫。画面左右两侧绘旋转连鼓的雷公、持铁钻的霹电、负风袋的风伯、吞云吐

图 3-1　西魏第 249 窟窟顶西披　阿修罗

雾的雨师以及飞奔的乌获、朱雀、金翅鸟、飞天、羽人。大海两侧的山林中还有仙人修行、鹿麑饮水、猿猴觅食，天上人间，浑然一体（图3-1）。这是一个人与自然和谐共处的世界，而须弥山只是这个世界中的一个部分，实际上是人们希望中的理想世界。

五代第61窟、第98窟《维摩诘经变》中所描绘的须弥山，则反映了人们生活的现实世界与理想世界的关系，并进一步描绘了须弥山世界的具体构成和范围。画面中阿修罗王站在须弥山前的大海之中，手托日月，须弥山四周的海水中绘四大部洲，海水外是一圈铁围山，山腰间二龙缠绕，山顶上绘四大天王、无动如来等，其上的建筑可能表示三十三天或兜率天宫。这便是佛经中所描述的"铁围山川、溪谷江河、大海泉源、须弥诸山，及日月星宿天龙鬼神、梵天等宫，并诸菩萨声闻之众，城邑聚落男女大小乃至无动如来"。最值得注意的是画面中有一道半圆拱形天梯，由下面的铁围山外侧往上连接到高高的须弥山顶部，即佛经中所说的"三道宝阶从阎浮提至忉利天，以此宝阶诸天来下，悉为礼敬无动如来，听受经法。阎浮提人亦登其阶，上升忉利天见彼诸天"，[1]表示阎浮提世界的人们和须弥山世界的天人可以通过这道天梯相互来往（图3-2）。

另外值得注意的是，隋代第303窟中造型奇特的须弥山形中心柱。这里的中心柱，位于主室正中稍偏后处，其下半部仍保留方形四面龛的北朝模样，其柱顶连通窟顶，但中心柱的上半部却改作须弥山状，为上大下小的圆形七级倒塔，上六级尚存残损的影塑千佛，最下一级塑仰莲及四龙环绕。形状不同，功能自然也不同。北朝在窟内设中心塔柱，主要是利用其塔柱与南、北壁后部及西壁形成的通道，作为一种"绕行""礼拜"的殿堂式空间；

① 《维摩诘所说经》，《大正藏》第14册，第555页。

图 3-2　五代第 61 窟东壁　维摩诘经变

图 3-3　隋代第 303 窟内景

而隋初的这种须弥山形中心柱窟，虽然也有可"绕行""礼拜"的殿堂式空间意味，但更多的是在展示一种宇宙观念，即展示以须弥山为中心的佛教宇宙观（图3-3）。

第303窟的须弥山形中心柱，暗示这个洞窟是一个以须弥山为中心的小世界。中心柱代表须弥山，窟顶周围的圆形垂幔和中心柱座沿所绘水纹，可能表示"七山八海"，窟顶垂幔周围的垂角纹，可能表示铁围山；南、北、西壁的天宫栏墙、飞天及窟顶千佛等，可能表示须弥山顶上的三十三天；四壁的千佛画，可能暗示十方诸佛，并意味着大千世界的无限性；四壁下方的供养人和山林，及中心柱座四面所绘供养人，可能表示世人所处的阎浮提世界；中心柱座下方所绘药叉，可能暗示阿鼻地狱，也可能表示药叉在须弥山间守护诸天城门；窟顶前部人字披所绘《法华经·观世音菩萨普门品》，也与佛教宇宙观有一定关系，因为如果有人书写《法华经》，"是人命终"时，即可上生到须弥山顶的"忉利天上"。

一个洞窟既可以看作一个天国，也可以看作一个世界。进入窟内前它给人的感觉是一个天国，进入窟内后它给人的感觉是一个世界，中心塔柱便是这个世界中心的须弥山。当人们站在敦煌莫高窟第303窟须弥山中心柱前时，便会感到只要沿着这须弥山攀爬上去，就能到达天国。

佛教的宇宙观，是以须弥山为中心，七山八海交互绕之，再以铁围山为外郭，此为一小世界。一千个一小世界称为一小千世界，一千个小千世界称为一中千世界，一千个中千世界称为一大千世界，合小千、中千、大千总称为三千大千世界，此即一佛之化境。每一世界最下层为一层气，称为风轮；风轮之上为一层水，称为水轮；水轮之上为一层金，或谓硬石，称为金轮；金轮之上即为山、海洋、大洲等所构成之大地；而须弥山即位于此世界之中央。

须弥山又译为妙高山，因此山是由金、银、琉璃、水晶四宝所成，所以称妙；诸山不能与之相比，所以称高。此山为一小世界的中心，山形上下皆大，中央独小，四王天居山腰四面，忉利天在山顶，山根有七重金山七重香水海环绕之。七金山与须弥山间的七海（内海）充满八功德水，七金山与铁围山之间有碱海（外海）。

碱海中的北面有郁单越洲，东面有弗婆提洲，南面有阎浮提洲，西面有瞿耶尼洲，即所谓的"须弥四洲"。

世人生活在须弥山四大洲之南洲，即阎浮提世界；人们通过天梯或其他方式可以到达须弥山世界的"忉利天上"，这就是敦煌壁画中所反映的佛教世界观，也可以说是古代敦煌人的世界观。

有了一定的世界观，自然会有相应的人生观。

避苦求乐的人生观

在三千大千世界中，有一个对民众影响非常大的世界，那就是西方极乐世界。

人们追求的西方极乐世界，反映了佛教和广大民众的避苦求乐思想。据《佛说阿弥陀经》和《佛说阿弥陀经讲经文》说，"有世界名曰极乐，其土有佛，号阿弥陀"，"彼土何故名为极乐？其国众生无有众苦，但受诸乐，故名极乐。"极乐世界里没有阶级，"无有刀兵，无有奴婢，无有欺屈，无有饥馑"，人民不再"纳谷纳麦，纳酒纳布"，乃至"衣服饮食""所居舍宅宫殿楼阁"等等，各种物质利益，应有尽有[1]。

极乐世界在物质利益上不仅满足人们的温饱，也不仅满足人们对一般财富的追求，还尽可能给人们以"现代化"生活方式的物质享受。例如在其用金、银、琉璃、砗磲、玛瑙、珊瑚、琥珀等材料所建的七宝池中，有一种功德水，不仅具有清凉、甘美、润泽、解饥等功能，并且这水和池合在一起还有一种功能，就是当有人跳进池中沐浴时，"意欲令水没足，水即没足；意欲令水至腰，水即至腰；意欲令水至颈，水即至颈；意欲令水自灌身上，水即自灌身上；意欲令水还复如故，水即还复如故"，犹若现代家

[1]《大正藏》第12册，第346页。王重民等编：《敦煌变文集》，人民文学出版社，1957年，第461-476页。

图 3-4 初唐第 220 窟南壁 西方净土变

庭中的一个现代化的浴室。

在敦煌壁画中，对极乐世界有许多生动、形象的描绘。《西方净土变》中，巍峨壮丽的宫殿式建筑物，气势磅礴。阿弥陀佛居中坐在莲花座上，观音、大势至两大菩萨分列两侧。绿波浩渺的七宝池中盛开各色莲花，池中有许多童子，有的在莲花中合掌端坐，有的翻身倒立，有的在水中嬉戏。宝池上端一片碧空，彩云缭绕，天乐自鸣，飞天翩翩起舞，天花乱坠，一派歌舞升平的极乐景象！（图3-4）

在三千大千世界中，还有一个令民众向往的世界，就是未来世界中的弥勒世界。据《佛说弥勒下生经》中说："时阎浮地内，自然树上生衣，极细柔软人取着之。""果树香树，充满国内。尔时阎浮提中，常有好香，譬如香山，流水美好，味

图 3-5 榆林窟中唐第 25 窟北壁 弥勒经变·龙王洒水和夜叉扫地

甘除患，雨泽随时，谷稼滋茂，不生草秽。一种七获，用功甚少，所收甚多。食之香美，气力充实。"另外，在弥勒世界里，有龙王夜叉常于夜晚洒扫街巷道陌（图 3-5）。而且，"巷陌处处有明珠柱，皆高十里。其光明耀昼夜无异，灯烛之明不复为用"。治安环境以及邻里关系："时世安乐无有怨贼劫窃之患，城邑聚落无闭门者，亦无衰恼水火刀兵及诸饥馑毒害之难。人常慈心恭敬和顺，调伏诸根语言谦逊。"①

敦煌壁画中描绘了不少关于弥勒世界的生动图像。如莫高窟宋代第 55 窟南壁《弥勒经变》中，空地上一棵大树，有数人正从

① 《佛说弥勒下生经》，《大正藏》第 14 册，第 421–423 页。

树上拿取衣服。又如榆林窟第 38 窟西壁五代绘制的《弥勒经变》中，道路旁有一搭满衣服的木架，其右侧有一人正在试穿衣服，画面下方有一人拿着一件长袍在身前比量，另有一人观看（图 3-6），以表示"树上生衣"。又如榆林窟中唐第 25 窟《弥勒经变》描绘耕地、收割、打场、扬场等情景，以表示"一种七收"（图 3-7）。

西方极乐世界和未来弥勒世界都反映了古代人对幸福美好生活的追求，代表着避苦求乐的人生观。

佛教创建者悉达多太子（释迦牟尼）之

图 3-6　榆林窟五代第 38 窟西壁　弥勒经变·树上生衣

图 3-7　榆林窟中唐第 25 窟北壁　弥勒经变·一种七收

所以出家修行，目的也是为了帮助人们避苦求乐。据佛经记载，悉达多太子某日离宫出城东门时，遇见一位头白背驼、目光呆痴、形体羸弱、挂着拐杖一步一颤的老人，便感叹人生好比一瞬间的梦境，令人悲伤厌惧。而又离宫出城南门时，遇见路边有一个病人，身瘦腹大，呼吸急促，手足如枯木，眼里流着泪水，口里不住地呻吟，旁边还有两个人扶持着，便感叹人生好似一叶扁舟，航行在惊涛骇浪中，随时都会有灾难疾病降临，甚是悲哀。后又离宫出城西门时，遇见一死人，由四人扶棺，用车拉着，并用香花布洒在尸体之上，棺木之后，举家大小，号哭送行，于是感叹人生犹如草木。最后，当太子出城北门时，遇见一位"行步安详""已免忧苦"的僧人，便禁不住内心那避苦求乐的心情："善哉！唯是为快！"太子感悟到只有

图 3-8　北凉第 275 窟　出游四门（局部）

图 3-9　五代第 61 窟北壁屏风画　二女献乳

远离一切欲念、出家修行才能摆脱人间诸苦。敦煌北凉第 275 窟南壁便描绘了太子
骑马出游时，在东、南、西、北四门分别遇见老人、病人、死人、僧人的情景（图
3-8）。

　　悉达多太子为避苦求乐出家修行，而在具体的修行过程中，本来也想同一些苦
行僧一样，以毒攻毒，以苦行的办法来摆脱苦境，谁知在六年的苦行中，由于仅喝
一点豆羹赖以活命，弄得皮包骨头，奄奄一息，于是"欲求好食"，向村女乞求营
养丰富的牛乳来滋补身体。这以后在有了健康的身体和愉快的精神的基础上，才在
菩提树下悟出"四谛"，佛教也才由此而生。五代第 61 窟北壁的《佛传》第 28 扇屏
风画中，便描绘了悉达多太子接受村女乳糜的故事。画面的右上侧绘一条母牛，前
面有一小牛犊，一村女在母牛腹下挤奶；画面中部一村女坐在一大锅前煮乳糜，锅
上冒着热气；画面左侧一村女双手捧钵跪地，正为太子奉献乳糜（图 3-9）。

　　从悉达多出游四门所遇所感和出家修行之目的，又从悉达多本人在最初的修行

图 3-10　初唐第 321 窟前室西壁　地狱变（局部）

（并非佛教的修行）中由苦行改为非苦行，均可看到佛教既不主张苦行，也不主张弃乐求苦，而恰好相反。

有了正确的人生观，才可能有正确的人生目标和行为。避苦求乐的人生观是一种积极向上的人生观，它对于我们如何养生具有非常重要的指导意义。

给人希望的天堂与地狱

有了美好的世界观，便会有美好的人生观，同时也就给人生带来希望和目标。佛教的美好世界，除了有西方极乐世界和未来的弥勒世界外，还有药师佛之东方净琉璃世界、弥勒菩萨所生之处的兜率天宫（弥勒净土）等。这些美好的世界给人以无限美好的想象和向往。比如，在未来佛（弥勒佛）降生之后的阎浮提世界里，人们就不仅不愁吃、不愁穿，而且老有所养、老有所归，人可以活到八万四千岁，女人五百岁才出嫁，社会安宁，无人世险恶。

佛教的理想世界相当于人们常说的天堂或天国，天堂虽然是虚幻的景象，但它让世人憧憬、向往，给人以希望。同时给人以希望的还有地狱，虽然地狱的种种悲惨境况令人感到恐惧，但试图回避恐惧实际上也就成了一种希望。特别是为了躲避恐惧而所做的努力，便产生一种向上的力量，对于人生更是有着不可忽视的意义。有观点认为，当今社会出现的一些犯罪分子肆无忌惮以及许多年轻人无端轻生自杀的行为，原因之一便是不相信来世，更不相信地狱，对生命缺少敬畏，对死亡无所

图 3-11　榆林窟五代第 19 窟前室甬道北壁　地狱变（局部）

图 3-12　榆林窟五代第 19 窟前室甬道北壁　地狱变（局部）

畏惧。某种意义上说，如果所有的人都对死亡无所畏惧，对于社会安定是没有好处的。

　　敦煌壁画中不仅描绘有大量让人向往的美丽天堂，同时也描绘有不少令人恐惧的黑暗地狱。如初唐第 321 窟前室西壁门南残存的《地狱变》中，描绘阎罗王坐堂审讯犯人，旁边有判官跪地宣读罪状，罪人披枷戴锁，站立受审，牛头鬼持刀杖站在一旁（图 3-10）。又如榆林窟五代第 19 窟北壁所绘的《地狱变》（也有学者认为是《目连变相》）中，绘一城楼门口两侧有武士守门，一门官领着戴枷锁的男女入城；城内一大殿阎罗王当中而坐，殿前有鬼卒正在对犯人锯解施刑（图 3-11）；又一画面绘四个鬼卒挥舞刀棒，正在驱赶八个亡人（图 3-12）；画面中还绘有汤镬、石磨等刑具，正如据敦煌变文《目连缘起》描述的地狱之中："一日万生万死，或刀山剑树，或铁犁耕舌，或汁铜灌口，或吞热铁火丸，或抱铜柱，身体焦燃烂坏，枷锁杻械，不曾离身，牛头每日凌迟，狱卒终朝来拷，镬汤煎煮，痛苦难当。"[1]犯罪之人在地狱中受尽

①《目连缘起》，王重民等编：《敦煌变文集》，人民文学出版社，1957年，第704页。

无穷无尽的煎熬折磨，让人看后毛骨悚然。有所信仰者便有可能反思自己一生的所作所为，担心自己死后是否会遭受如此的酷刑折磨。

榆林窟五代第19窟南壁所绘的《六道轮回图》更是详尽描绘了佛教的因果轮回观念，画面中以圆轮的形式描绘"天""人""阿修罗""地狱""饿鬼""畜生"生死轮回的过程（图3-13）。另外北周第428窟南壁卢舍那佛像的法衣上也描绘了"三界六道"法界图，其胸部中央画须弥山，山顶画天宫、坐佛、飞天，山前画双手高举日月而坐的阿修罗王，表示天界。其胸部下方绘有山川、房屋、人物、农耕、牛马、禽兽、饿鬼等，表示人间。法衣下摆上画赤身裸体、狂奔悲号的恶人鬼怪，表示地狱。从横向上分为天上、人间、地狱三界。在三界中又细分为六道，天上两道：阿修罗头顶上的天宫、坐佛、飞天代表天道，阿修罗代表非天道（天界好斗的恶神）；人间三道：阿修罗下方的山川、房屋、人物代表人道，下方山林中的牛马、禽兽代表畜生道，禽兽旁侧的半裸体人物代表饿鬼

图 3-13　榆林窟五代第 19 窟前室甬道南壁　六道轮回图（残）

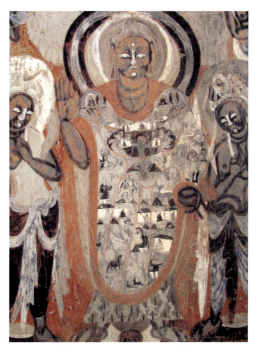

图 3-14　北周第 428 窟南壁　卢舍那佛

道；法衣下摆上画的裸体恶鬼代表地狱道（图3-14）。

轮回报应的理论认为，人的生与死的生命过程不再是线性的、暂时的、不可逆转的，而是永无停止的、循环的，就像车轮不停地旋转。轮回，用宗教的复活精神回避了死亡的必然性，帮助人们从畏死情绪中解脱出来，使人们心安理得地去迎接能够再生的死亡。人类社会在精神上需要想象性地构造一个死后再生的世界，而宗教在这方面具有特别的优势和不可忽视的力量。轮回思想，劝善诫恶，对于人生来说，具有非常重要的现实意义。

佛教认为，轮回为人生树立了一个个具体形象的目标，就像航海途中的灯塔一样。地狱对于人生来说，也好像灯塔一样，引导人们绕过这些暗礁。

轮回过程中不仅有天道、人道、畜生道这些大目标，其中还有具体的小目标。如大足石窟《地狱变》中描绘了"刀山地狱""镬汤地狱""寒冰地狱""剑树地狱""拔舌地狱""毒蛇地狱""剉碓地狱""锯解地狱""铁床地狱""黑暗地狱""截膝地狱""阿鼻地狱""饿鬼地狱""刀船地狱""铁轮地狱""粪秽地狱"等十多种地狱中的情景，形象非常生动。

天国世界中也有具体的目标，如有人通过行善念佛命终遇"善知识"到达西方极乐世界时，会根据其生前的所作所为而化生到不同的品位，分别有"上品上生""上品中生""上品下生""中品上生""中品中生""中品下生""下品上生""下品中生""下品下生"九种，即"九品往生"。如初唐第431窟南壁《观无量寿佛经变》中描绘的"下品下生"，画一座房子，房内一人倚枕而坐，表示此人临终；前跪一人，表示遇到"善知识"。门外有刀山、剑树、油锅、铁蒺藜，表示此人本来应当入地狱。房屋上空，一人乘彩云飞去，表示此人临终"称名念佛"，因而免遭地狱之苦，并且进入西方极乐世界。盛唐第148窟描绘"下品下生"时，则只画了一朵莲花的花苞，花苞内一片混浊，表示往生者在莲花内须得等待"满十二大劫，莲花方开"之时，才可能往生西方极乐世界。

天堂和地狱，是人生中需要努力争取或躲避的目标。有目标，就有希望，有希望，才会积极主动关注如何养生，并积极努力地实施具体的养生活动。

不同年龄、不同身份、不同地位、不同生活环境和生活经历的人可以有相同或不同的生活目标。

心灵的慰藉：祈愿求福

据有关专家统计，在莫高窟十多个朝代的洞窟中，共绘制有9069身供养人画像。敦煌壁画和敦煌文献中不仅留下了他们的画像，还留下了他们的许多发愿文和功德记，从中我们可以清楚地看到：希望和目标对于人生来说是多么的重要。

如西魏第285窟北壁《无量寿佛说法图》下面的发愿文中记载佛弟子滑黑奴

"敬造无量寿佛一区并二菩萨"，"愿佛法兴隆，魔事微灭，后愿含灵抱识，离舍三途八难、现在老苦，往生妙乐，齐等正觉"。其主要愿望便是希望死后不堕入地狱受苦受难，而能往生极乐世界。

又如 P.4640《翟家碑》中记载：

镌龛窟兮，福无边。五彩庄严兮，模圣贤。聿修厥德兮，光考先。

又如 P.3490v《修佛刹功德记》中记载：

伏愿龙天八部，降圣力而护边疆；护界善神，荡千灾而程（呈）应瑞。河西之王，永播八方。神理加持，四

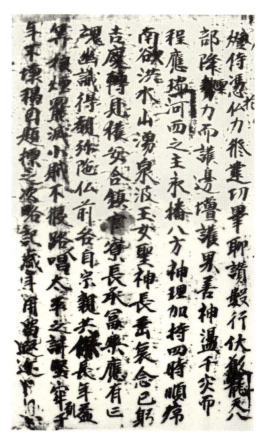

图 3-15　P.3490v 修佛刹功德记（部分）

时顺序。……合镇官寮，长承富乐。应有亡魂幽识，得睹弥陀佛前。各自宗亲，共保长年益算。狼烟罢灭，小贼不侵。路人唱太平之歌，坚牢愿千年不坏。（图3-15）

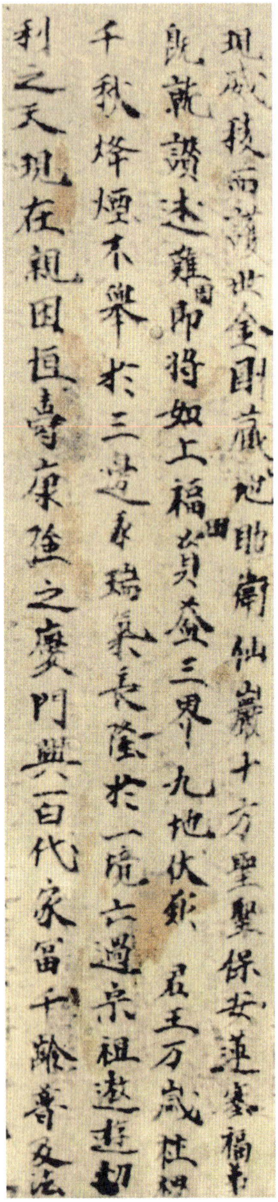

又如P.2641《莫高窟再修功德记》中记载：

> 伏愿君主万岁，社稷千秋，烽烟不举于三边，瑞气长隆于一境。（图3-16）

功德主们凿窟造像，绘制壁画，主要是为了消灾祈福、光宗耀祖等等具体的实在的目的。

敦煌壁画中绘制有大量的千佛图像，而绘制千佛图像的目的，正如《过去庄严劫千佛名经》中所说：

> 若有善男子善女人，闻是三世三劫诸佛名号，欢喜信乐称扬赞叹归命顶礼，复能书写为他人说，或能画作立佛形象，……是善男子善女人等，……所生之处常遇三宝，得生诸佛刹土，……持此功德，……所获果报巍巍堂堂，寿命无量。①

信仰千佛的目的，是希望未来"所生之处常遇三宝，得生诸佛刹土"，希望

图3-16　P.2641 莫高窟再修功德记（部分）

① 《大正藏》第14册，第375页。

"果报巍巍堂堂，寿命无量"。

　　敦煌壁画中绘制的供养人画像，包括了当时社会各阶层、各民族的佛教信仰者，既有王公大臣、地方官吏、贵族妇人、寺院僧侣，也有戍边将士、庶民百姓、官私奴婢等；既有汉族，也有匈奴族、鲜卑族、吐蕃族、回鹘族、党项族、蒙古族等。从保留下来的大量功德记和发愿文中可以看到，人们之所以信仰佛教，主要是祈愿求福，或是为先亡七世父母"征福"；或是为活着的父母眷属及本人祈祷，愿今后"殄除灾障""臻集福庆"，死后不堕入地狱受苦受难，往生极乐世界，"齐登正觉"；或是祈望"三农茂实，五稼丰登"；或是渴求"烽烟不举于三边"，"狼烟罢灭，小贼不侵，路人唱太平之歌"。

　　值得注意的是，从相关的史实可以看到，人们并非只是向神佛祈愿求福而不作为，他们祈愿"三农茂实，五稼丰登"，同时也辛勤劳作和使用当时较为先进的生产工具、合理的水利灌溉设施；他们祈求"狼烟罢灭，小贼不侵，路人唱太平之歌"，同时也加强军事防御力量建设和治安管理以及与周边民族的和睦关系。如五代时期，在归义军节度使曹议金、曹元忠等人的支持下（图3-17），莫高窟得到全面的维修和发展，新凿洞窟40多个，重

图 3-17　榆林窟五代第 19 窟甬道南壁　曹元忠供养像

修前代洞窟多达 240 多个。曹氏还仿效中原，设立了画院，院中有凿窟的石匠、制作彩塑的塑匠和绘制壁画的画师等，对敦煌佛教寺院的兴建和石窟的开凿，起了很大的推动作用。同时，曹议金在位期间积极恢复与中原王朝的归属关系，并特别注意周边民族关系，曾娶甘州回鹘可汗的圣天公主为妻，并将一女嫁甘州可汗为妻，一女嫁于阗国王李圣天为妻。其曹氏家族统治达一百二十余年（914～1037 年）。曹议金家族以及当时的敦煌人民，虽然崇信佛教，经常进行佛教活动，祈愿求福，但在政治和经济上也积极努力，真正做到"三农茂实，五稼丰登"，"狼烟罢灭，小贼不侵，路人唱太平之歌"。

祈愿求福，是人们积极人生观的一种具体表现方式，给人们带来生活的希望和信心。

信仰是人的一种需求，有信仰的人会感到生活充实，没有信仰的人会感到生活空虚。三千大千世界给人们以无限的遐想，天堂和地狱给人生带来希望和目标。正如歌德《上帝和世界》诗中所颂叹："辽阔的世界，宏伟的人生，长年累月，真诚勤奋，不断探索，不断创新，常常周而复始，从不停顿；忠于守旧，而又乐于迎新，心情舒畅，目标纯正。啊，这样又会前进一程。"[1]

① ［德］恩斯特·海格尔:《宇宙之谜》，上海外国自然科学哲学著作编译组译，上海人民出版社，1974 年，第 1 页。

第四章

婚丧嫁娶

烦琐复杂的婚嫁礼仪

敦煌文献和敦煌壁画中有不少关于当时婚嫁礼仪的记载和形象描绘。

据《张敖书仪》等敦煌文献记载，婚事全过程分为通婚和成礼两个阶段。通婚阶段是先由男家向女家发出"通婚书"，向女方家长致意问候并正式提出婚事，同时携带聘礼送往女家；女方接受聘礼，回以"答婚书"。

成礼阶段最为隆重，成礼之夜男女双方必须各自进行告别父母的仪式，并且祭祀先灵，读《祭先灵文》，然后才能由傧相送出。又据《下女夫词》记载，新郎到女家接新娘时，女方要请新郎下马，并要念一通"请下马诗"，而新郎则故意摆架子，说是"地上不铺锦"，就不肯下马。新郎进女家大门时，要行拜门礼，对女家的大门、中门、堂基、堂门、门锁及土堆都要分别吟诵五言绝句一首，敦煌名曰"论女婿"，相当于后世的"难新郎"。其中"论女家大门词"中说："柏是南山柏，将来作门额；门额长时在，女是暂来客。"意思说你家女儿不能长久待在家里不出嫁。而此时颇有意思的是，女家故意在院里设土堆，然后给工具叫新郎铲去，新郎则要高高兴兴地去干这件事。男方在女家等待时，"向女家戏舞，如夜深即作催妆诗"，既表示欢庆，也是打发时光、等待新娘隆重装扮的最佳方法。敦煌壁画再现了戏舞的场面，如盛唐第445窟《婚礼图》中，画面中心有一红衣鬌辫儿童正翩翩起舞，旁有六人乐队伴奏（图4-1）。

当女方最后同意新郎把新娘接走时，"女家铺设帐仪：凡成礼，须在宅上西南角吉地安帐。"所设之帐又叫"青庐"，为一种小型穹庐，覆以青缯、青幔，为避煞场所。青庐铺设好后，即行撒帐，诗云："一双青白鸽，绕帐三五匝。为言相郎道，先开撒帐盒。"接着把盒中盛放的果子、金钱向青庐撒去。撒帐以后，"即以扇及行

图 4-1 盛唐第 445 窟 婚礼图

障遮女子于堂中，令女婿儐相行礼"。面对家长及众亲友拜堂行礼的方式，在敦煌壁画中，或是男女站立作揖行礼，或是男女跪拜行礼，或是男女相对互礼，或是男跪女揖行礼。其中"男拜女不拜"的画面尤其引人注目，显示了当时妇女的较高地位。"礼毕升堂奠雁"，以示阴阳往来、妇人从夫、相互偕老等意。

婚礼最后还有几个重要的程序，如"同牢""去帽""除花""合发""梳头""系指头""发誓"等。所谓"同牢"，是新郎新娘必须同吃一盘羊肉或猪肉，具体仪式为：一、夫妻先各吃三口；二、然后由儐相或侍者喂食；三、饮"合杯酒"，饮酒前用五色锦带将新郎新娘的四只腿捆扎在一起，表示从今双方都要受到婚姻和道德的约束。所谓"去帽"，其意在"少来鬓发好，不用帽或遮"，以消除新郎新娘之间男女界限。所谓"除花"，则强调结婚的"新"意，"一花卸去一花新，前花是假后花真；假花上有衔花鸟，真花更有采花人"；又有"合发诗"曰："盘龙今夜合，

图 4-2　晚唐第 9 窟　婚礼奠雁图

交颈定相宜。"《梳头诗》曰："暂借牙梳子,篦发却归还。"最后夫妻系手指头,互相宣誓永不变心,意义亦如《下女夫词》中所云"巧将心上系,付以系心人","夫妇一团新"。

青庐、行礼、奠雁等内容在敦煌壁画中都有生动描绘(图 4-2)。

另外,敦煌壁画中还反映了当时婚礼中的摄盛之俗。如盛唐第 116、148 窟中的《婚礼图》,新郎头戴冕旒,身穿褒衣博带,这是帝王、诸侯的服饰(图 4-3)。但大多数新郎是头戴幞头,穿红色袍服,双手持笏,如晚唐第 12

图 4-3　盛唐第 116 窟婚礼图　头戴冕旒的新郎

窟《婚礼图》中所绘。持笏不是普通庶民的装扮。笏又名"手板"，唐代以来是品官朝会或出使时所持，把该办理的事情写在上面，起备忘录的作用，袍笏加身乃是贵族官僚的服制。新郎的服饰反映了敦煌婚俗中的摄盛之俗，新娘的服饰也随着升级，有满头珠翠花钗者，有凤冠霞帔者，如盛唐第33窟、晚唐第12窟婚礼图中的新娘（图4-4、5）。唐时花钗礼衣是亲王纳妃之服，凤冠在汉代为皇后所专用，后世亦为命妇所用，是女冠中最为尊贵者。

在等级森严的封建社会，为了区别不同人的身份、地位，在服饰、车乘、器物等方面都有具体规定，不得逾越。但在婚礼这种特殊场合，新郎新娘可以夸大自己的身份，可以按超越自己实际级别的礼仪行事，如士庶之辈可以穿戴卿大夫的冠帽，这就是"摄盛之俗"。

图4-4　盛唐第33窟婚礼图　满头珠翠花钗的新娘

图4-5　晚唐第12窟婚礼图　头戴凤冠的新娘

一别两宽，各生欢喜

古代敦煌称离婚为"放妻"，这一方面是沿袭春秋之际的"出妻""弃妻"之习，另一方面与当地的风土人情有关，晚唐归义军时期敦煌施行"放良"，即将奴婢释放为自由民，"放良"由贱民身份一变而为良民，而离婚的"放妻"也意味着给妻子以解脱和自由。

离婚在敦煌又称"夫妻相别"，这反映了唐代婚姻中的"和离""两愿离"制度。《唐律疏议》卷14《户婚律》"诸犯义绝者离之"条中规定："若夫妻不相安谐而和离者不坐。"又阐释说："若夫妻不相安谐，谓彼此情不相得，两愿离者，不坐。"

敦煌古时的离婚，无须通过官方机构，亦无须动用法律，而是民间自行处理，但这并不等于个人可以擅自为之，而是相当慎重地分为两步。第一步是把夫妻双方、两家父母及亲眷、当地村老等有关当事人召集到一起商议。第二步是立书为凭。经过商议同意离婚后，即可立书，谓之"放妻书"或"相别书"。

离婚的原因多为"夫妻不相安谐""彼此情不相得"。如S.0343《放妻书》的内容为（图4-6）：

　　某专甲谨立放妻手书

　　盖说夫妇之缘，恩深义重，论谈共被之因，结誓幽远。凡为夫妇之因，前世三

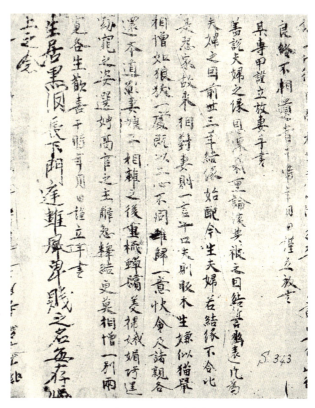

图4-6　S.0343 放妻书

年结缘，始配今生夫妇；若结缘不合，比是怨家，故来相对。妻则一言十口，夫则反木（目）生嫌，似猫鼠相憎，如狼犬一处。既以二心不同，难归一意，快会及诸亲，各还本道。愿妻娘子相离之后，重梳蝉鬓，美扫娥眉，巧逞窈窕之姿，选聘高官之主。解怨释结，更莫相憎。一别两宽，各生欢喜。于时 年 月 日谨立除书。

这篇离婚书强调的是"结缘不合"，两人最终如"猫鼠相憎"，看来主要是性格不合；妻则"一言十口"，夫则"反目生嫌"，渐渐便"二心不同，难归一意"，因而要"一别两宽，各生欢喜。"，于是"会及诸亲"来做证人，立此文书。最后希望"解怨释结，更莫相憎"，达到"和离""两愿离"的目的。

P.3730v《放妻书》内容为（图4-7）：

图4-7 P.3730v 放妻书

　　盖以伉俪情深，夫妇义重，幽怀合卺之欢，须□□（同）牢之乐。夫妻相对，恰似鸳鸯，双飞并膝，花颜共坐。两德之美，恩爱极重，二体一心。共同床枕于寝间，死同棺椁于坟下。三载结缘，则夫妇相和。三年有怨，则来作仇隙。今已不和，想是前世怨家。眈目生嫌，作为后代增（憎）嫉。缘业不遂，见此分离。聚会二亲，夫□妻□，具名书之。□归一别，相隔之后，更选重官双职之夫；弄影庭前，美逞琴瑟合韵之态。解□舍结，更莫相谈。三年衣粮，便献柔仪。伏愿娘子千秋万岁。时次某年某月日。

　　这是结婚三年的一对夫妻，终因感情不和而分道扬镳。

　　也有指责妻子，认为是妻子不良行为造成家庭不和的，如 P.3212v《夫妻相别书》中云（图4-8）：

　　盖闻人生一世，夫妻语让为先。世代修因，见存眷属。夫取妻意，妻取夫言。恭敬□□事（侍）奉郎姑叔伯，新妇便得孝名，日日即见快活。今则夫妇无良，便作五（忤）逆之意，不敬翁嫁（家），不敬夫主，不事六亲眷属，污辱泉（家）门，连累兄弟父母。前世修因不全，弟兄各不和目（睦）。今仪（拟）相便分离，不别日日渐见贫穷，便见卖男牵女。今对两家六亲

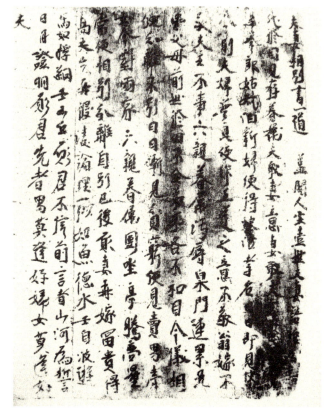

图4-8　P.3212v 夫妻相别书

眷属，团坐亭（停）腾商量，当便相别分离。自别已后，愿妻再嫁富贵得高夫，某不再侵凌论理。……

不论是"放妻书"还是"相别书"，其基本内容是类同的：首先从正面阐述夫妻应彼此恩爱相亲，接着转到当前的实际生活，历数夫妻关系存在的各种问题，而且是无法和解的，夫妻已无法继续共同生活，其后果是导致家庭不和、家业破散、唯一的出路是夫妻分离，各奔前程。

至于婚后家庭财产的分配，敦煌民间婚俗显然持公平态度。如 S.6537《放妻书》中云："所要活业，任意分将。……两共取稳，各自分离。"要求双方不用斤斤计较，而是"任意分""共取稳"。又如 P.3730v《放妻书》中所说："三年衣粮，便献柔仪。"这是财产分配的又一形式，即由男方再负担女方三年衣粮，而且在离婚后一次"献"完，"伏愿娘子千秋万岁"，离婚才算告终。但只字不提儿女之事，可见当时的离婚习俗是女方一人离开男家，这就是"出妻""放妻"，儿女一律留在夫家。

"放妻书""相别书"末尾是祝福之词，如"□归一别，相隔之后，更选重官双职之夫""愿妻再嫁富贵得高夫"，说明离婚后可以男娶女嫁，互不干扰；同时也反映了"和离""两愿离"的气氛。"放妻书""夫妻相别书"一经约定，离婚便正式生效，并以此为凭证，相当于现在的离婚证。

善男信女求儿女

儒家传统观念认为"不孝有三，无后为大"，《礼记·昏义》明确说："婚礼者，将合二姓之好，上以事宗庙，而下以继后世也。"婚后无子，被视为大逆不道，列入女子"七出"的条件之一，男方便可以提出离婚，即"放妻"。因此，子嗣问题对于一个家庭，尤其是对于一个妇女来说，在一定程度上是决定命运的关键。

佛教中的观音信仰之所以在中国受到普遍欢迎，与人们的求子心理需要有关。敦煌壁画中大量的《观音经变》便反映了当时善男信女们渴望生儿育女的迫切心

图 4-9　盛唐第 45 窟南壁　求男得男　　　　　图 4-10　盛唐第 45 窟南壁　求女得女

情。如盛唐第 45 窟南壁中，绘一戴幞头、着圆领窄袖袍服的男子，双手合十，虔诚祈祷，身后立一男童。榜题云："若有女人，设欲求男，礼拜恭敬观世音菩萨，便生福德智慧之男。"（图 4-9）其侧又绘一着上襦下裙披帔子的妇女，身后立一女童。榜题云："设欲求女，便生端正有相之女，宿植德本，众人爱敬。"（图 4-10）

　　敦煌变文 P.2999《太子成道经一卷》中有关于求子风俗的生动描写，经云："净饭大王，为宫中无太子，忧闷寻常不乐。……大王问大臣：'如何求得太子？'大臣奏大王曰：'城南满江树下，有一天祀神，善能求恩乞福。往求太子，必合容许。'是时大王排枇銮驾，亲自便往天祀神边。……索酒自发愿：'（吟）拨掉乘船过大江，神前倾酒三五瓮。倾伜不为诸余事，男女相兼乞一双。'夫人道：'大王何必多贪？求男是男，求女是女。一双难为求觅。'夫人索酒亲自发愿浇来甚道：'若是得男，神头上伞盖左转一匝；[若是]得女，神道头上伞盖右转一匝。'便乃浇酒云云：'拨掉乘船过大池，尽情歌舞乐神祇。歌舞不缘别余事，伏愿大王乞[一]个儿。'其神头上伞盖即[便]左转。"后来果有身孕，生下太子。①

敦煌求子习俗也与佛诞日结合在一起，每年四月八日人们到莫高窟进香时，其中许多人的目的就是为了求子。如第454窟甬道南壁留下了朝山者求子的题词："四月初八佛圣诞，善男信女求儿男。人有成（诚）心佛有感，好儿好女在□（眼）前。"又如第138窟甬道北壁有横批："有求必应。"其下有许多求子及得子还愿的题词，其中有一段云："光绪十一年七月初七日，弟子刘天济诚信还愿，……十年四月初六求男，十一年四月初旬天赐一男童，乳名千佛宝，大吉大利。"

敦煌古代民俗中还有许多关于求子的偏方巫术，如P.2666v中的偏方巫术云："治妇人无子，多年不产，取白狗乳，与着产门中，以往房之得。"敦煌唐代人认为白母狗之乳汁乃多姿之灵物，将白母狗之乳汁加以采集，并把这种有魔力之液体，滴入女子阴道中，然后与丈夫做爱，便会令多年不孕的女子怀孕产子。又云："治妇人无子，取□，树孔中草，烧作灰，取井□水，服之验。"认为树孔中的草也有生育魔力，将其烧成灰和井水服即可治女子不孕症。又云："凡人纯生女，隐始六十日，取弓弦，烧作灰，取清酒服之，回女为男。"认为接连只生女孩的妇女，将弓箭烧作灰和清酒服下，便能改生男孩。又如P.2661v是敦煌晚唐时期州学弟子尹安仁的《诸杂略得要抄子一本》，内云："以狗肝涂宅，令妇人生富贵子。"

敦煌文献中的解梦书里也有很多涉及求子的内容，如P.3908

① 王重民等编：《敦煌变文集》，人民文学出版社，1957年，第287、288页。

《新集周公解梦书一卷》云："梦见上天者，生贵子。""梦见杂薰者，有孕。""梦见得官者，生贵子。""梦见食龙肉，生贵子。""梦见食马肉者，妻有娠。""梦见食鸟肉者，有子孕。""梦见 [着] 绿衣者，妻有孕。""开日得梦，主生贵子。"又如S.2222、P.3685《周公解梦书残卷》云："梦见妻带刀子，有子。""梦见宅新，有贵子。""梦见妇溺水中，生贵子。""梦见蛇入怀，有贵 [子]。""梦见先祖入市，生贵子。"又如P.3105《梦书残卷》云："梦见土在心腹上，失子孙。""梦见服日月，贵；又云生贵子。""梦见上天者，大吉，生贵子。"又如S.0620《占梦书残卷》云："梦见门中生树，生贵子。""梦见鸽衔粟，必生贵子。""梦见龙，必富贵；一云生贵子。""梦见蛇齿人，妻必子。"

如此等等，皆反映了唐五代时期敦煌民间的求子习俗。

怀胎生育煞苦辛

传宗接代是人生之大事，所以从怀胎、生产到成长都有相应的一系列习俗，目的是希望母子平安、小孩健康成长。各地的相关风俗有所不同，古代敦煌民间或敦煌壁画中主要有以下一些内容：

一、祈佛护佑。从妊娠开始，便通过焚香、念佛等方式祈求母子平安。如敦煌文献 P.2418《父母恩重经讲经文》云："十月怀胎弟子身，如擎重担苦难论。……专希母子身安乐，念佛焚香百种求。……怀胎十月欲将临，苦切之声不忍闻；千回念佛求加护，万遍烧香请世尊。"又如 S.5561 等卷《难月文》云："以兹舍施功德、念诵焚香，总用庄严患者即体：惟愿日临月满，果生奇异之神童；母子平安，定无忧嗟之苦厄。"又 S.5640《愿文》云："于日延僧请佛，愿假慈悲；赞颂观音，希垂卫护。……生必仙子，尅保神童，母子平安，庆蒙交泰。"

二、回娘家生产。这是壁画中所绘，反映的是印度民间风俗。如五代第 61 窟南、西、北壁下方绘《佛传》屏风画，据《佛本行集经·树下诞生品》云："尔时菩萨圣母摩耶，怀孕菩萨，将满十月，垂欲生时，时彼摩耶夫人父善觉长者，即遣使

①《大正藏》第3
册，第685页。
②王重民等编:《敦
煌变文集》，人民
文学出版社，1957
年，第289页。"

人，诣迦毗罗净饭王所，奏大王言：'如我所知，我女摩耶，大王
夫人，怀藏圣胎，……我意欲迎我女摩耶，还来我家，安置住于岚
毗尼中共相娱乐，尽父子情。唯愿大王，莫生留难，乞垂哀遣，放
来我家，于此生产，平安讫已，即奉送还。①"窟内第8、第9扇
壁画描绘了摩耶夫人回娘家的情景。另外北周第296窟《微妙比丘
尼缘品》中叙说微妙第二次临产时，与丈夫携子回娘家生产，途中
丈夫被毒蛇咬死，大儿子被狼所啖，分娩之子又被大水冲走，此后
又引发了一连串人生悲剧，该故事告诉人们回娘家生产不吉利。

　　三、抱腰接盘的分娩方式。这是一种民间的助产方法，即分
娩时有专人揽抱产妇的腰。莫高窟北周第290窟人字披《佛传》故
事画和北周第428窟西壁《太子降生图》中，在太子出生时，摩
耶夫人站在一树下，右手攀缘树枝，背后有一仕女抱腰，其下有
一仕女跪着用一物承接；一婴孩正从摩耶夫人右胁下坠（图4-11、
12）。敦煌变文 P.2999《太子成道经一卷》云："（摩耶夫人）腹中
不安，欲似 [临] 产，乃 [遣] 姨母波阇波提抱腰，夫人手攀树枝，
彩女将金盘承接太子。"②敦煌民间还有一种风俗，即初生儿不用

图4-11　北周第290窟人字披东披　佛传·树下诞生

图4-12　北周第428窟西壁　太子降生图

图 4-13　北周第 290 窟人字披东披　佛传·九龙浴太子

盘接，而用袋装，据敦煌文献 P.2661v 记载："以小儿初生日入囊必贵。"初生日入囊可能有御风寒的作用，类似褓裸。

四、临产时呼喊神名。即在分娩时产妇呼喊几种神的名号，可以避难不死。如 P.2661v 写卷云："六曰神名，天公字大莘，日字长生，月字子光，北斗字长文，太白字文君，东方朔字祖常。右难（有念）此六神之名，识之，不兵死；女人识之，不产亡，有急难呼此神者，老不避死，吉。一云：知此六神名，长呼之即长生不死，上为天官。"

五、洗儿之俗。敦煌藏经洞出土绢画《报父母恩重经变》中有浴儿的画面，一妇女跪在地毯上给盆中的婴儿洗浴，一旁站着一梳双丫髻的女童，榜题曰："十月将满产后母子俱头洗浴时。"又 P.2661v 写卷云："小儿初生时煮虎头骨，取汤洗，至老无病，吉。"虎骨汤确有保健之功，据《本草纲目》记载："虎骨并煎汤浴儿，不生疮疥诸病。"敦煌洗儿之俗，可能与佛传故事有关，壁画中一般绘太子出生后，有九条龙从空中喷水，洗浴太子（图4-13）。《普曜经》云："九龙在上而下，洗浴圣尊。洗浴竟已身心清净。"又有《修行本起经》云，太子出生后，"有龙王兄弟，一名迦罗，二名郁迦罗，左雨温水，右雨冷泉"。冷、热水交替洗浴，能增强人体抵抗能力，颇为科学。

六、产后禁忌及偏方。P.2661v写卷云："妇人产不满百日，不得为夫采衣洗衣，

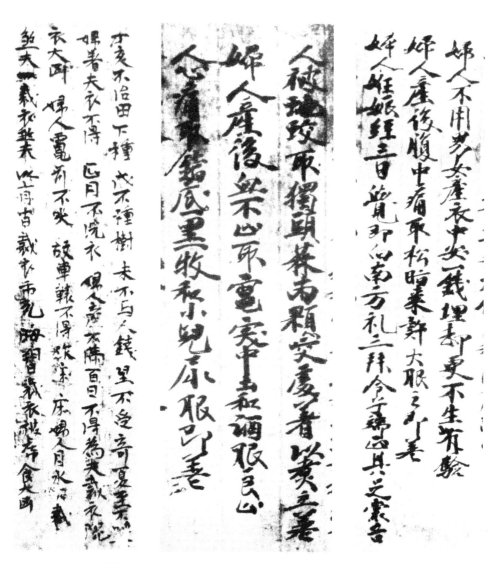

图4-14　p.2661v（局部）　　　　图4-15　P.2666v（局部）　　　图4-16　P.2666v（局部）

大凶。"（图 4-14）因为妇女产后坐月子时，容易受凉，手不能沾水，故不能洗衣；身体虚弱，不能劳累，故不能裁衣，这种风俗禁忌应该说有一定科学依据。P.2666v 写卷云："妇人产后血不正，取灶突中土，和酒服，良正。"（图 4-15）又云："妇人产后腹中痛，取松脂乘许大服之，即差。"（图 4-16）这些夹在巫术条目中的民间医疗偏方，有一定疗效，如灶心土在《本草纲目》中又叫"伏龙肝"，对"产后血气攻心，恶物不下""子死腹中，母气欲绝"等有疗效；松脂也可治"关节酸疼""妇女白带""风虫牙痛"等症。

关于妇女怀胎、分娩时的辛苦艰难，敦煌文献中还有很多描写，如 S.4438《十恩德》中云："第一怀耽（胎）守护恩：说着气不苏，慈亲身重力全无，起坐大人扶。如伴病，喘息粗，红颜渐觉焦枯。……第二临产……苦哉母腹似刀分，楚痛不忍闻。如屠割，血成盆，性命只恐难存。"如此等等，不再赘述。

涅槃与安乐死

人们平常谈话中，最忌讳的似乎就是言及"死"了。甚至在使用数字时，都要竭力躲开与"死"谐音的"四"字。

然而，佛教及其佛教艺术却偏偏喜欢谈论或描绘"死"。释迦牟尼最初创建的基本教义，其四谛中的"灭谛"，论及的便是有关"死"的问题；以后又有以"死"为专题的理论著作《大般涅槃经》；在敦煌莫高窟，以涅槃（死）为主题绘、塑的壁画或彩塑便有十多处。

佛教何以敢于直面令人惧之又惧的死亡？

其实，只要到莫高窟唐代第 148、第 158 窟等涅槃窟中去巡礼一番，就能有所感悟。

第 148、158 窟的洞窟外观像佛寺中的一座大殿堂，而其内部形状却像一口巨大的棺材。窟内平面为横长方形，靠西壁筑高约 1 米、南北横长约 16 米的高台，高台上又筑高约 30 厘米的通长小台，形如平床，释迦牟尼便侧身卧睡其上。

图 4-17　中唐莫高窟第 158 窟　卧佛

　　参观者进入这巨大的棺材里，却没有一丝恐惧，因为那躺睡在高台平床上的佛陀是那么慈祥，那么宁静，那么怡然，好像正进入甜蜜梦境的睡美人。特别是那微闭的双眼在宁静中显露出生气，侧卧的身体自然放松，密集的衣纹有规律地起伏流动，都让人感觉到释迦牟尼的"涅槃"是那么自然、随意、超脱和美丽，甚至令人神往（图 4-17）。

　　难道参观者真的不知道那躺在高台平床的佛像表现的是一个死人，不知道佛陀的"涅槃"实际上就是表现佛陀的"死亡"吗？其实，不管导游如何讲解佛陀的"涅槃"并非一般意义上的"死亡"，而是精神达于更高的完美境界，是对一切烦恼的彻底抛弃和永恒幸福的最高获得，是一种"再生"和"超越"，参观者们都知道"涅槃"就是"死亡"的代名词，躺在那里的佛陀早在两千多年前就死去了。并且众所周知，佛教也从来没有宣传过佛陀万岁、万万岁，尽管佛教宣传轮回，但至今为止也没听谁说过释迦牟尼在这死后的两千多年中再生过。佛教界对释迦牟尼的死去和没有再生的情况一直都很坦然，并不讳言，认为是很平常很自然的事。

　　人一生下来，就紧紧地和死亡联系在一起。人自己没有选择出生的权利，于是围绕有没有选择"死"的权利，反复地思索着、争论着。涅槃，就是对选择如何死去的权利的争取。佛陀死亡时的宁静、安然，好像进入梦乡的状况，实际上是长期以来许许多多老年人和病人的美好愿望。常常听到他们在议论中祈祷："但愿走（死）的时候快一点，静静的，像睡觉那样……"（怪不得老百姓都亲切地把涅槃佛像称作睡佛、卧佛）。另外，人们在咒骂人时最恶毒的语言就是："你不得好死！"或："你死不竭！"显然这更表明了人们对于安乐死亡的渴望。

　　佛教及其艺术关注人的存在，关注人死亡时的尊严，所以佛教的涅槃思想及其艺术中的涅槃塑像和壁画，能够吸引很多很多的人，也是很自然的现象。

　　有生就有死，何必忌讳谈"死"，像佛教那样，认认真真地谈论、探讨有关"死"的问题，才是真正的唯物主义态度。

　　生与死是同时存在的，关注死实际上也就是关注生；尊重死亡才是真正的尊重生存。大概，这便是佛教"涅槃"的"再生"意义。

令人恐惧之"九横死"

　　青春虽然美好，却不能长驻。人们虽然贪恋青春岁月，但更关注一生的命运；虽然不愿意步入老年，但更害怕夭折短命。敦煌壁画中《药师经变》中的"九横死图"，即表现了当时人们对一些灾难的恐惧。

　　所谓"横死"，即九种非命的死法。"九横死"，据《药师琉璃光七佛本愿功德经》云：

　　一者若诸有情得病虽轻，然无医药及看病者，设复遇医不授其药，实不应死而便横死。又信世间邪魔外道妖孽之师，妄说祸福便生恐动，心不自正，卜问吉凶，杀诸众生，求神解奏呼召魍魉，请福祈恩，欲冀延年，终不能得。愚迷倒见，遂令横死，入于地狱无有出期。

图 4-18　宋代第 76 窟北壁　因病横死

二者横为王法之所诛戮。

三者畋猎嬉戏，耽淫嗜酒放逸无度，横为非人夺其精气。

四者横为火焚。

五者横为水溺。

六者横为种种恶兽所啖。

七者横堕山崖。

八者横为毒药厌祷咒诅起尸鬼等之所中害。

九者饥渴所困不得饮食而便横死。[①]

　　佛经中所列举的九种横死，在壁画中有生动形象的描绘。如宋代第 76 窟北壁所绘的"九横死"中，画面中一病人躺卧在床上，一女子身着上襦下裙，站在床头，双手合十，一男子戴幞头，

穿袍服，坐在床尾，亦双手合十；二人
或在祈祷，或在作咒，或在念经。有学
者认为这二人是女巫和男觋，画面通过
巫医治病的情景来表现"一者若诸有情
得病虽轻，然无医药及看病者，设复遇
医不授其药，实不应死而便横死"（图
4-18）。又，中唐第 231 窟北壁所绘"九
横死"中，一人正在火团中挣扎，其上
方有一猛兽正追赶一人，表现的是"四
者横为火焚"和"六者横为种种恶兽所
啖"。又，中唐第 154 窟西壁龛内所绘
"七者横堕山崖"的情景中，画面下方挥
双袖、又开双腿者即横堕山崖之人，其
上方是雷神在云中挥舞雷鼓，表示下面
的人正遭雷击（图 4-19）。有些内容不
宜全部表现的，宋代第 76 窟在表现"八
者横为毒药厌祷呪诅起尸鬼等之所中
害"时，只设法表现其中的"为毒药所
害"，画面中绘一戴幞头者与一外道坐在
地毯上，中间放一药包，戴幞头者左手
平置胸前，右手作摇摆状，表示不为所
惑；旁有一人站立双手合十；画面榜题
为："八者不为毒药所中死。"（图 4-20）
又，第 148 窟之画面为一张低床上坐着
一位病人，床前站一妇女，面对患者，

图 4-19　中唐第 154 窟西壁龛内　横堕山崖

图 4-20　宋代第 76 窟北壁　不为毒药死

图 4-21 藏经洞绢画 九横死（局部）

一赤膊男子在手舞足蹈，他周围的地面上插着小旗模样之物，另有一妇女弹琵琶为他伴奏。中唐第 358 窟则患者面前为一"马面"人物骑在驴上、驴站在小方台上，也是做舞蹈状。这两个场景即经文"初横"中所说"信世间邪魔外道"，反映了民间所谓"疗病""跳神"之俗。又，在敦煌藏经洞绢画中所绘"九横死"，画面上方绘一人头戴幞头，身穿红袍，足蹬乌靴，正被两只猛虎追赶；下方绘一人正从山崖往下飘坠，分别绘"六者横为种种恶兽所唆"和"七者横堕山崖"（图 4-21）。

在九种横死中，人们最为担忧的是生病，这与当时的医疗卫生条件有关；其他如为兽唆、堕山崖、为呪诅起尸鬼等所害则与当时的社会经济环境及科学发展程度有关；因饥饿而死者在现代则逐渐减少；但因生活放纵而死以及遭遇水灾、火灾者在现代也较为常见。时代不同，环境不同，人们恐惧的内容也不同。佛经与壁画中描绘的"九横死"，其意义类似于现代的一些电影灾难片。

多元化的丧葬方式

敦煌位于古代丝绸之路咽喉之地，在文化上既继承了传统的儒、道和一般民间信仰，同时也受着佛教等外来文化的影响，所以在丧葬方式上，也具有多元化的特色。

土葬　是我国历史最悠久、流行范围最广的一种葬式，也是敦煌历史上最常用的一种葬式。据敦煌文献 P.3636《类书·仓慈传》记载，后汉时期的敦煌太守仓慈卒于沙州，"千人负土，筑坟于此"。又，P.2005《沙州都督府图经》记载："阚家，右在州东廿里，阚骃祖惊之家也。……其冢高三丈五尺，周回卅五步。"据 P.2550《冢书》记载，墓坑入地深浅均按本人品位区分，帝王之墓最深者达 145 尺，三场（长）以下从 35 尺至 63 尺，令长以下从 3 尺至 17 尺。坟的高度当时也有定制："三品已上坟高一丈二尺，五品已上坟 [高] 九尺，七品已上坟高七尺，九品已上坟高六尺，庶人坟□□。"墓的深浅尺数还隐含着古代敦煌人的吉凶观念，如 P.4930《堪舆书残卷》云："入地一尺为建，二尺为除，三尺为满，……一丈二尺为闭，周而复始。满平定成收开吉，余为凶。"敦煌壁画中如北周第 296 窟《微妙比丘尼缘品》中绘有土葬墓茔图（图 4-22）。

唐宋以来虽然敦煌已流行火葬，但仍有不少人奉行土葬，特别是当地的节度使及其亲属都行土葬，使得土葬之俗流行不衰，如 P.2913《张淮深墓志铭》记载，归

图 4-22　北周第 296 窟　微妙比丘尼缘品·墓茔

义军的第二任节度使张淮深"公以大顺元年（890 年）二月廿二日殒毙于本郡，时年五十有九，葬于漠高乡漠高里之南原，礼也。兼夫人颍川郡陈氏，六子……并连坟一茔，以防陵谷之变"。张淮深在政变中被害，夫人及六子全部遇难，事后均行土葬。

　　火葬　唐代以前只在一些西域民族中流行，唐代以后，于佛教信仰相融合，逐渐在汉族地区推广，盛行于宋。火葬也是古印度流行的一种葬式，佛教巴利语称火葬为茶毗、阇维、阇毗，即烧身、焚身之意。

　　关于敦煌的火葬情况，文献中有不少记载。如 P.4974《天复年间沙州神力墓地诉讼状》云："不幸家兄阵上身亡，缘是血腥之丧，其灰骨将入积代坟墓不得。……出价买得地半亩，安置亡兄灰骨。"神力之兄死于兵者，不祥，不得在祖坟内安葬，只好将其火化另购地安葬。又，S.0086《淳化二年（991 年）马丑女回施疏》云："奉为亡女弟子马氏名丑女，从病至终，……城西马家、索家二兰若共施布壹疋，葬日临圹焚尸。"马丑女是一名虔诚佛教徒，死后举行火葬。又，P.4660《禅和尚赞》云：

"坐亡留远，一切勿为……体质灰烬，神识云飞。"此和尚坐亡后火化。三例火葬，葬式相同，但性质与目的各异，前者为民间火葬，后二者为佛教火葬；前者是为禳除厌解，后者是为往生净土。

敦煌壁画中的火葬图主要出现在《涅槃经变》和《佛传》故事画中，佛经中称为"香楼荼毗""金棺自焚"。如盛唐第148窟《涅槃经变》中的火化图规模宏大，画面上的火葬地点设在山峦之中，在地面上修建一座近一人高的台座，灵柩安放其上，周围火焰正在熊熊燃烧（图4-23）。五代第61窟《佛传》中的火化图相对较为简单，画面中心的金棺正在熊熊燃烧，送葬者在周围合十致敬。

窟葬　也是敦煌地区的一种葬式，即把死者埋葬在石窟崖面上专门开凿的洞窟内，又称"崖葬"。这种洞窟也叫瘗窟，莫高窟的瘗窟分布在北区，与禅窟、僧房窟相邻，而与造像窟区域相分离。从出土器物看，以初唐、盛唐较多。瘗窟的面积最大者为9.6平方米，最小者为3.2平方米。在北区的25个瘗窟中，专为瘗埋死者

图4-23　盛唐第148窟西壁　涅槃经变·火化图

图 4-24　北区瘞窟

而开凿者有 15 个，其主要特征是整窟低矮狭小，窟顶到地面不足 1 米；另外一些是将禅窟、僧房窟改作瘞窟。瘞窟中埋葬的对象以僧人、信徒为主；有单身葬、双人合葬及多人合葬。瘞窟可以是火化骨灰葬、尸体葬或塔葬，尸体无需棺木，直接放在砾石台上（图 4-24）。其中比较特殊的是塔葬，如 B142 窟原是僧房窟，后将灶和烟道封堵，壁面的烟痕用白灰浆作了粉刷，然后在砾石台上用土坯垒砌双塔，瘞埋死者的骨灰。

最为特殊的丧葬方式是"老人入墓"，即老人在家人的陪同下，自己前往墓冢之中，把坟墓作为一个修行、观想的清净场所，怀着对往生的憧憬走向最后的归宿。

第五章

情事画语

剪不断的男女情

莫高窟盛唐第45窟南壁其中有一宣传佛教禁欲观念的"离淫欲"画面，但实际上表现了人世间剪不断的男女之情。画面中，绘青山绿水之间，一青年男子手捧笏板，正躬身向一女子求爱。女子绿衣红裙，侧面而立，目视男子。男子躬身的姿势和弯曲的衣纹线条，巧妙地反映了其曲意讨好献殷勤的心理。女子红裙上流利的长线，则画出了少女的矜持。画中有榜题云："若多淫欲，常念恭敬观世音菩萨，便得离欲。"题为"离欲"，描绘的却是一幅"窈窕淑女，君子好逑"的情景（图5-1）。

图 5-1　盛唐第 45 窟南壁　离淫欲

图 5-2 初唐第 321 窟南壁 爱语图

初唐第 321 窟南壁《宝雨经变》中也有一幅表现男女之情的画面，因为该画面是依据《佛说宝雨经》卷 3 经文"应以爱语得调伏者，即现爱语而为说法"所绘，故又称作"爱语图"。画面中，山间路边，有男女年轻人各一，女子穿交领窄衫小袖长裙，方头履，头饰双鬟，右手指向前方，侧身面向男子喁喁低语；男子头戴幞头，穿圆领小袖长袍，系腰带，右手牵女子的披帛，左手似做告别状，跟随在女子身后。两人若即若离，若行若止，不愿离去。似乎在海誓山盟，颇有些"多情自古伤离别""执手相看泪眼，竟无语凝噎"之意境，生动表现了男女离别时的复杂情感（图 5-2）。

虽然佛教主张禁欲，认为"一切烦恼，爱为根本，能生一切忧愁啼哭一切诸苦"，更认为"女色者，世间之枷锁，凡夫恋眷，不能自拔；女色者，世间之重患，凡夫困乏，至死不免；女色者，世间之衰祸，凡夫遭之，无厄不至"。[1]但"食色，性也"，是人的生理本能，故违背自然的禁欲主张，在强行实施过程中，往往会带来"剪不断，理还乱"的结果。在敦煌壁画中，类似的例子还有很多。

情窦初开的少女

莫高窟北魏第 257 窟南壁《沙弥守戒自杀缘品》，是一幅涉及男女之情的壁画。这幅画描绘了一个年轻沙弥不受美貌少女诱惑，

① 《大威德陀罗尼经》，《大正藏》第 21 册，第 812 页。《菩萨诃色欲法经》，《大正藏》第 15 册，第 286 页。

以身殉佛教戒律的故事，同时也反映了情欲与禁欲之间的矛盾。

据佛经说，曾有一个虔诚信佛的长者，送儿子到一位德高众望的高僧门下，受戒为沙弥。平常，这位高僧和弟子的衣食，由本城的一位富有居士供养。有一天，居士外出，留其十六岁的妙龄女儿在家看守，而行前忘记了给僧人送饭。高僧候食不来，就派沙弥到居士家乞食。沙弥来到居士家敲门乞食，少女开门一看，见是一清俊的沙弥，顿时心生爱慕，在沙弥面前牵手拉衣，做足娇态，倾吐衷情，欲以身相许。而沙弥想到师傅教导的三规五戒，"坚摄威仪，颜色不改"，为了保持清白，趁少女不注意之时，持刀自刎而死。少女见沙弥身亡，悲呼哀泣。待居士回到家中，少女述说了真情。印度当时风俗，僧人死在俗人家里，要交纳罚金一千。居士呈报国王，依法交纳罚金赎罪。国王听后，深为感动，为了表彰沙弥以身殉法的高尚行为，命用香木火化沙弥尸体，并起塔供养（图5-3）。

该故事一方面表彰小沙弥严守佛门戒律，压抑自己的欲念，坚贞高洁；一方面对少女诱惑沙弥的行为有所指责，劝人以此为戒，但同时也对少女的感情冲动表示理解和同情。例如，强调少女诚实述说真实情况，国王与民众也未对其深究，只是让其家人依法交纳一些罚金而已，可见法律对少女的行为也表示宽容。

特别是西魏第285窟南壁的《沙弥守戒自杀缘品》，所绘情节更为丰富，表现更为含蓄，在沙弥乞食的场面中，少女见到沙弥时，对其内心感情冲动，画家没有用妖媚的形象，而是巧妙地运用映衬的手法，在屋顶上画了一只猕猴，以比拟少女感情

图5-3 北魏第257窟南壁 沙弥守戒自杀缘品·叩门乞食

图 5-4　西魏第 285 窟南壁　沙弥守戒自杀缘品·叩门乞食

上的"心猿意马"，正如歌德在《少年维特之烦恼》中所说："青年男子谁个不善钟情？妙龄女人谁个不善怀春？"由此也可见敦煌古代画家对怀春少女的理解和同情（图 5-4）。

情意绵绵的难陀

北魏第 254 窟北壁东侧有一幅释迦强迫其弟难陀出家的壁画，这是一幅颇有情趣、耐人寻味的故事画。

难陀是释迦的异母兄弟，据佛经说，有一天，迦毗罗卫国王子难陀在家给美貌的妻子描眉涂香，听见释迦在门外化缘，想出门看看，其妻要他速去速回。难陀出门见了释迦，取佛钵盛满食物，但释迦一定要他亲自送到拘楼精舍（释迦住处），难陀只好照办。到了拘楼精舍后，释迦强迫难陀剃发出家，并将他软禁起来。过了一段时间，释迦进城化缘，难陀趁机逃往家中，在中途遇释迦归来，难陀躲到树后，树却飞到空中，使他无处可藏。释迦见到难陀，问他是否想念美貌妻子，难陀点头称是。释迦便带难陀到天上，见五百美妙绝伦的天女，都未婚嫁，说是专等以后难陀升天来做丈夫，难陀心里暗自高兴。释迦又带难陀到地狱，见一又老又丑的猴子，释迦说："这就是你那美貌的妻子。"又见一口沸腾的油锅，地狱小鬼说："如果难陀因情欲不能好好修行，死后将堕入地狱，这口沸腾的油锅就是为煮他而准备的。"吓得难陀毛骨悚然。回到人间后，释迦对难陀说："你好好修行，准备到天国享福吧。"难陀说："天国不敢奢望，只求不入地狱。"终于安心修行了。

　　画面中，释迦坐在中间的大草庵内，两侧画飞天礼佛，诸菩萨侍立，诸弟子列坐小草庵中围绕听法。释迦右侧有持剃刀的戒师，左侧有持金刚杵的护法力士。画面左右两角各画一对携手抚肩、情意缠绵、依恋难舍的青年男女，而旁有一比丘使劲拉拽男子，试图将男子拉走（图5-5）。

　　这正如元好问《摸鱼儿》词中所感叹："问世间情是何物，直教生死相许。……

图5-5　北魏第254窟北壁　难陀出家（局部）

欢乐趣，离别苦，就中更有痴儿女。"

双身修炼成正果

莫高窟元代第 465 窟是一个以表现藏密题材为主体的佛教洞窟，俗称"欢喜洞"。洞窟前室东壁白粉下原有朱书题记："……□府□北塔寺僧人 / 逵吉祥秦州僧 /……吉祥山丹□ /……记于元统三年（1335 年）/……八日到此秘密寺记耳。"由此可知 14 世纪此窟被称作秘密寺。

该窟内容非常丰富，但其中人们最为关注的，是位于主室西壁和南、北壁的数幅男女合抱修炼的双身像。具体内容为：

西壁（主壁）中部有一幅大型男女合抱双身像，绘男尊上乐金刚和女尊金刚亥母双身像。男尊上乐金刚身体为紫褐色，一面三眼，二臂；头戴饰有交杵金刚的五骷髅冠和五十颗断头串成的项环，双手拥妃，右手持金刚杵，左手持铃杵，右脚踩黄色卧魔，左脚踩黑色卧魔。女尊明妃即金刚亥母身体为红褐色，一面三眼，左手拥男尊，右手高举剥皮刀，右脚抬起勾向男尊，左脚与男尊右脚相叠踩黄色卧魔。该画面上方绘有五小幅不同颜色的双身像。

南壁有三幅大型男女合抱双身像，东侧的一幅，男尊为大幻金刚，头戴五骷髅冠，四面三目四臂；前两手之右手持剥皮刀，左手持颅钵；后两手拉弓；足踏卧魔。女尊为佛空行母，一面四臂，前两手拥抱男尊，后两手拉弓。该画面上方和两侧绘有九小幅双身像（图 5-6）。中间的一幅，男尊为密迹金刚，头戴五骷髅冠，三面六臂；两只主臂交持于女尊身后，右手持剥皮刀，左手持颅钵；其余两只右手持金刚杵和金刚剑，两只左手持轮和花；双腿踩一卧魔。女尊为一面六臂，前两手拥抱男尊；中间两手，右手持金刚，左手持轮；下方两手，右手持金刚剑，左手持花（图 5-7）。西侧的一幅，男尊为大力金刚，三面六臂；下方两只主臂交持于女尊身后，右手持金刚，左手持铃杵；中间两手持细柄天杖；上方两手上举赭色人皮，人头垂向右侧；双足踏卧魔。女尊两臂拥抱男尊。

图 5-6 元代第 465 窟南壁东侧 双身像　　　　　图 5-7 元代第 465 窟南壁中部 双身像

　　北壁中部有一幅大型男女合抱双身像，男尊为喜金刚，女尊为无我母。男尊八面十六臂，十六只手皆持头骨碗，主要的两手持头骨碗交叉于明妃后背，诸右手所持碗内分别为象、马、骡、牛、骆驼、人、鹿和猫；诸左手所持碗内分别为水神、风神、火神、月神、日神、财神、地神等；足踩卧魔。女尊无我母，两臂，右手持剥皮刀，左手勾住男尊脖颈，以双腿环勾男尊腰际（图5-8）。

　　一般而论，表现藏密题材的双身像源自印度性力派金刚乘传统，如上乐金刚和金刚亥母是两个曾经存在于印度神话中的实体神灵，其双身像表示两种不同性别神灵的结合。《大毗卢遮那成佛经疏》卷5云："女人是三昧像，男子是智慧像。"卷15又云："诸尊色类种种不同，大而言之略有两种，谓男及女，男是智慧故为首，女是三昧为次之也。"[①]

① 《大毗卢遮那成佛经疏》，《大正藏》第39册，第627，734页。

图 5-8　元代第 465 窟北壁中部　双身像

关于双身像,《大圣欢喜双身毗那夜迦天形像品仪轨》云:"制此秘密仪轨:其双身天王形像,夫妇二天令相抱立,……此相抱像表六处之爱,六处之爱者,一者以鼻各触爱背,二者以臆合爱,三者以手抱爱腰,四者以腹合爱,五者以二足蹹爱,六者着赤色裙,是偏表敬爱故。有行者造供六爱敬像,此人必得国王大臣后妃婇女及以一切诸人敬爱。"①

双身像通常也叫欢喜佛,原为古代印传说中的神,即欢喜天,梵名"俄那钵底"意为"欢喜",汉语意"无碍"。欢喜佛有两类:一类是单体的;一类是双体的。所谓"欢喜"二字,是说佛用大无畏大忿怒的气概、凶猛的力量和摧破的手段战胜"魔障",从内心发出喜悦的意思。密宗修行者择修"五部金刚大法",通过生起次第的观想,最后把自己的身、口、意修成本尊的身、口、意,也就是与本尊合一了,即成佛。圆满次第是最后的和最高的修习阶段,它是通过气功控制脉息,在进行男女双身修法时,以气功脉流控制精神,并入定悟,谓之"乐空双运",从而到达菩提成佛的阶段,这也就是"以欲制欲""以染而达净"的修法。

违反道德的情欲和行为

榆林窟第 23 窟西壁绘有几幅与男女情欲有关的画面,其中一幅是"同床异梦"。

这幅画面中，绘一间砖瓦房的门两侧各有一扇大窗，窗内分别有一男一女正在熟睡之中。门右侧窗户内的一对男女头部相靠而眠，但门左侧窗户内的男子头部在枕头上，女子头部则以男子胸部为枕。门左侧窗内的男女头顶各有一缕云烟飘出，飘到屋外阶下，分别化出一对男女。两缕云烟中的男子都用右手抚摸女子的下颌，用左手抚扶女子的后背；两个女子都头梳高髻，前面女子的左手朝后扬，后面女子的左手举在胸前；两对男女都迈开大步急急匆匆往外走（图5-9）。显然，从门左侧窗户飘出的云烟表示这一男一女虽然睡在同一张床上，但却做着不同的梦，分别在梦境里想象着自己如何与其他的男人或女人私奔偷情寻欢。

门右侧窗户内一对熟睡的男女，没有出现异相。这是画家使用对比的手法，衬

图 5-9　榆林窟第 23 窟西壁清代绘　同床异梦

托门左侧窗内那对男女的同床异梦。

在榆林窟第 23 窟西壁"同床异梦"画面的上方，有一幅"偷看女人洗澡"的画面。画面中，绘一扇窗内有一个头梳高髻、赤裸上身的女人，正坐在一个热气腾腾的大木盆里洗澡。外侧，一个身穿红色襕衫的男人正蹑手蹑脚推开一扇门，目不转睛地偷看里面正在洗澡的女人（图 5-10）。

榆林窟第 23 窟的这两幅画，反映了人类的男女情欲及其复杂的心理行为。不过，对于这类违反社会道德的情欲和行为，我们不能简单地指责或嘲笑，需要给予正确的教育和引导。

五代第 98 窟北壁屏风画中根据《贤愚经》也描绘了一个师母勾引丈夫徒弟不成、恼羞成怒诬陷报复的故事。这个故事中违反道德的情欲，由于其行为的过度而引起的一系列社会矛盾，所以不仅受到社会谴责，同时还会受到法律的惩罚。

故事说舍卫国波斯匿王的辅相让儿子无恼拜一位聪明博达、多闻广识的婆罗门为师。无恼聪明过人，夙夜勤学。不久，即对所学尽悉通达，进退举止应对得体，婆罗门师非常喜爱。

婆罗门师的妻子见无恼才气过人，貌姿俊逸，心存爱慕。然而无恼总与师兄弟一起，没有机会倾吐爱恋衷情。一日，有一施主请婆罗门师赴法会。师欲领众徒同去。该妇人提出家中事务繁多，要求留无恼在家协助。师应其求，留无恼守家，带领众弟子赴施主之请。妇人欣喜不尽，立即沐浴更衣妆饰打扮，去见无恼，以各种媚姿、语言挑逗，欲娆动其

图 5-10　榆林窟第 23 窟西壁清代绘　偷看女人洗澡

心意，但遭无恼严词拒绝。妇人怀恨在心密谋报复。

待师父返家，妇人即撕裂衣服，抓破脸面，躺卧在地。哭诉自众人出门后，无恼便调戏侮辱她。婆罗门师听信了妇人所言，便设计陷害无恼。一日，婆罗门师对无恼说，如果你能在七天之内杀一千人，割下他们的手指结成花鬘，

图 5-11 五代第 98 窟北壁 婆罗门师告别妻子与无恼出门、其妻卧地诬陷无恼

即可升上梵天。无恼听完婆罗门的话，百思不得其解。但还没容无恼多想，婆罗门已将利刀竖于地，口念咒语，蛊惑无恼。

在婆罗门的咒语蛊惑下，无恼丧失本性，六天之内，杀掉了九百九十九人。这时，人们害怕得都躲藏起来了，因此无恼到处寻找，也找不到一人。

无恼母亲见儿子失去本性，七天都没有回家吃饭，便带着食物到处寻找儿子。无恼逢见母亲，举刀正欲杀母亲，以补足一千人一千指之数。这时，佛化作一位比丘，从天而降，飞到无恼身边。无恼一见，便转而杀佛。佛放慢脚步徐徐前行，但无恼用尽了平生力气，也追赶不上。无恼正纳闷，佛就告诉他说：我诸根寂定，而得自在。你随从邪师，心中常起邪念，所以不得自在。你这样杀人，造下无数杀孽，将来只会坠入地狱，怎么可能往生天界？无恼听了佛的开示，恢复了本性，即放下屠刀，悔过自责，乞求出家。

画面中，由下而上描绘了辅相送子拜婆罗门为师、婆罗门师告别妻子与无恼外出赴会、婆罗门妻卧地诬陷无恼、无恼追杀母亲、佛陀引导无恼等情节（图 5-11、5-12）。

图 5-12　五代第 98 窟北壁　无恼欲杀母亲，佛陀化为比丘来救

　　故事中婆罗门蛊惑无恼、无恼丧失本性，都是因为婆罗门妻情欲没有得到满足所致。而这种为了满足情欲不择手段的行为，在现实社会中也不少见，应该高度重视，避免悲剧发生。除了道德教育、法律制裁，还需要心理疏导等方法多管齐下，防治结合。

第六章

童蒙养正

多样化办学方式

唐宋时期的敦煌，有不少各种类型的学校，依主办者的不同，可分四类。

第一类，官办学校。又分为：

州学　P.2005《沙州都督府图经残卷》："州学。右在城内，在州西三百步。其学院内，东厢有先圣太师庙堂，堂内有素（塑）先圣及先师颜子之像，春秋二时奠祭。"（图 6-1）据《大唐六典》卷 30 记载，州学有"经学博士一人，正九品下；助教一人，学生四十人。"州学为州级官学，随着沙州名称的改变，如天宝元年（742年）至乾元元年（758 年），沙州改为敦煌郡，州学也就一度改称郡学，如 P.3274《孝经疏》末题："天宝元年十一月十八日于郡学写了。"凡以沙州命名时，均称州学，P.2859d《占十二时来法》末题："州学阴阳子弟吕弁均本，是一一细寻勘了也。"

县学　P.2005："县学。右在州学西连院，其院中东厢有先圣太师庙堂，内有素（塑）先圣及先师颜子之像，春秋二时奠祭。"据《大唐六典》，县学设"博士一人，助教一人，学生二十人。"

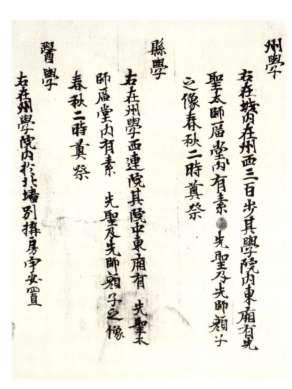

图 6-1　P.2005 沙州都督府图经残卷（局部）

敦煌文献中有天宝年间残状一件（P.2832），内有"县学""给学生"等语，应是有关县学的文件。S.1893《大般涅槃经》末题："经生，敦煌县学生苏文□书。"学生可以一面读书，一面抄写佛经，成为当地的经生。

医学　专门教授医学知识及治病的处方等，如《本草纲目》《脉经》和各种医方。P.2005："医学。右在州学院内，于北墙别构房宇安置。"据《大唐六典》记载："医学博士一人，从九品下，学生一十人。"

第一类，官学。基本上集中在一处，规模不大，老师由博士担任，院内以孔子、颜子的塑像为标志，学制的具体时间不明确。

第二类，寺办学校。寺院举办学校，其目的是为了弘扬佛法，培养佛教的接班人。不同的教派往往制定出其教派本身的学习内容和学制，但所有的学生，特别是少年儿童，在修学佛学之前，必须先学佛教以外的文化课程，如童蒙读物、四书五经等。敦煌从中唐吐蕃时期以来，寺学兴盛，不少豪门大族的子弟也在寺学就读，如P.3692《李陵与苏武书一首》题记："壬午年（922年）二月廿五日金光明寺学郎索富通书记之耳。"索富通的祖父索勋是归义军第一任节度使张议潮的女婿，而索富通的外祖父则是第二任节度使、张议潮的侄儿张淮深。又如S.0707《孝经一卷》题记："同光三年（925年）乙酉岁十一月八日三界寺学仕郎郎君曹元深写记。"曹元深是节度使曹议金的儿子。当地政要头目的子孙于寺学就读，反映了寺学的教学质量有所保证，师资力量较高，同时学习的内容在前期仍以文化课为主，加以严格的管理，使得寺学优于地方上的官学。从晚唐归义军时期至北宋太平兴国，先后出现的寺学约十所，全是僧寺；尼寺则无寺学的记载。

第三类，义学，是指用公款或私资举办的免费学校。如P.2643《古文尚书第七》云："乾元二年（759年）正月廿六日义学生王老子写了，故记之也。"（图6-2）吐蕃时期阴嘉政之弟离缠就是"释门义学都法师"。又，新疆阿斯塔那墓出土的《论语郑氏注》，其题记有"景龙四年（710）三月一日私学生卜天寿□""西州高昌县宁昌乡厚风里义学生卜天寿年十二，状□"等记载，可见"义学生"亦称"私学生"。

第四类，私学，包括乡里坊巷之学及私塾等。有的私学就以主办人命名，如张球学、白侍郎学、氾孔目学、安参谋学等。如 S.4307《新集严父教一本》中记载："雍熙三年（986年）岁次丙戌七月六日，安参谋学侍（士）郎□□兴写严父教记之耳。"又，P.2841《小乘三科》中记载："太平兴国二年（977 年）丁丑岁二月廿九日白仕郎门下学士郎押衙董延长写小乘三科题记。"

据有关学者统计，归义军时期的敦煌学校共计 25 所，当时的敦煌县人口估计有一万人左右，平均每四百人就有一所学校。假如每所学校平均有十名学生，也有二百五十名学生，占总人口数的四十分之一，由此可见当时敦煌的教育颇为普及。

实用性启蒙读物

敦煌的启蒙读物与全国相比，既有其共性的一面，亦有其个性的一面：共性者即为全国流行的经、史、文基本读物，如四书五经之类；个性者乃为唐宋时期在敦煌地区流行的启蒙读物，并且具有很强的实用性。敦煌藏经洞文献保存中的启蒙读物，大体可分作三大类：

图 6-2　P.2643 古文尚书第七（局部）

一、识字类。相当于识字课本，也可以统称为"字书"，有下列五种：

1. 综合识字型：以识字为主要目的，在字里行间并贯以伦理道德和生活常识，如《千字文》《新合六字千文》《开蒙要训》《百家姓》等（图 6-3）。

2. 要用杂字型：采集民间日常生活词汇，分类编排而成，如《俗务要名林》《杂集时用要字》等。

3. 字样型：是区分字形正俗、辨别字音正误的正字书，如《正名要录》《字样》等。

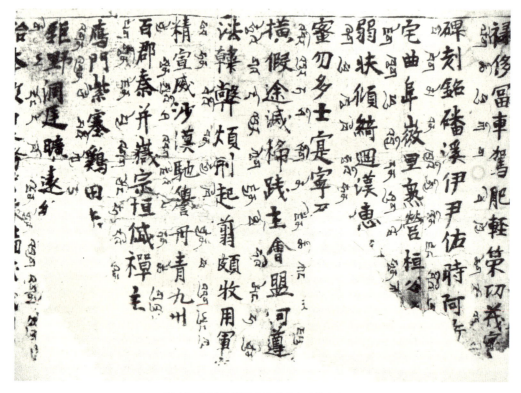

图 6-3　P.3419 蕃汉对照千字文（局部）

4.俗字型：收录民间俗字、口语及冷僻字编排而成，如《碎金》《白家碎金》（《碎金》的节本）等。

5.习字型：是供儿童描红习字的写本，如《上大夫》（图 6-4）。

二、知识类。是日常生活基本知识的读物，有下列四种：

1.综合知识型：通过一问一答的杂抄或论对的形式，历叙天文、地理、节气、历史、修养、艺术等多方面的基本知识，最具代表性的是《杂抄》，又名《珠玉钞》《益智文》《随身宝》等。

2.历史知识型：是讲述通俗历史知识的，如《古贤集》《蒙求》等。

3.习文知识型：指导儿童习文以备科考应试的教材，如《兔园策府》。

4.算术知识型：让儿童掌握基本的算术方法，如《九九乘法歌》（图 6-5）。

三、思想类。是思想修养读物，重在灌输处世立身的基本伦理道德，有下列三种：

1. 语录型：把经史典籍中的有关语录辑抄编排而成，如《新集文词九经钞》《文词教林》《百行章》等。

2. 家训型：除抄录经史、坟典、诗书中的佳言警句外，还采集时谚格言，以韵语形式施教于儿童，如《太公家教》《武王家教》《辩才家教》《崔氏夫人训女文》《新集严父教》等。

3. 格言诗型：这类格言诗带有浓厚的宗教色彩，这与敦煌当地佛教的兴盛有关。由于通俗易懂，为广大学童传抄习诵，充当思想教育的教材，如《夫子劝世词》等（图6-6）。

在上述教育的基础上，稍长的青少年便进一步学习《孝经》《论语》《毛诗》《左传》《谷梁传》《尚书》《礼记》等。在吐蕃统治前，还以《史记》《汉书》《楚

 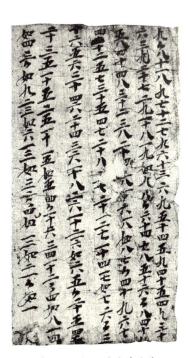 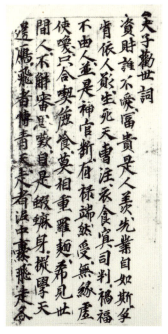

图6-4　P.3806上大夫（局部）　　　图6-5　S.4569九九乘法歌　　　图6-6　P.4094夫子劝世词

辞》《文选》《唐诗选》等作为教材。

另外在专科教材方面，医学有医经医论方药针灸脉诀及医药文学等。术学有《葬经》《宅经》《灵棋经》《易三备》《走天图》《算经》《星占书》《七曜历日》等。佛学教材包括佛家经律论以及佛教文学。在吐蕃占领之前，还有道学专业教育，以后似被取消。体育方面以技能训练为主，如马术、射击、球类、棋类及武术等。音乐方面除教授乐谱和舞谱外，还学习吹拉弹唱等各种技能。

敦煌唐宋时期的启蒙读物，具有相当鲜明的时代性、广泛性、简明性、通俗性、故事性、哲理性等特点，概括而论，即具有很强的实用性。

率真童趣学郎诗

据统计，敦煌文献中共有学郎诗 30 首左右，大都是唐五代时期创作的，多以题记或杂写形式出现。学郎们在诗中抒写了他们的生活、学习，兴趣、爱好、希望和烦恼，天真活泼，亲切感人。这些诗篇不是刻意创作的，而是学郎们有感而发，随手写在作业本、经卷或课本上，脱口而出，自然天成，语言质朴，个性鲜明。千年之后，还能真切地感受到他们顽皮淘气、天真活泼的神态，能触摸到他们生气勃勃、充满活力的脉搏。

如 S.0728："学郎大歌（哥）张富千，一下趁到《孝经》边。《太公家教》多不残，獯猡□实卿偏。"诗后有"李再昌"题字，这首诗是他挖苦同学张富千的，羡慕同学聪明好学，一下子读到了《孝经》，并即将读完《太公家教》，又埋怨同学只顾自己往前学，把别人抛到后边（图 6-7）。

又，S.3287："今日书他纸，他来定是嗔。我将归舍去，将作是何人。"这是一个顽皮的学童偷写在同学的《千字文》课本上的打油诗，他认为自己的恶作剧不会被揭穿，因此露出沾沾自喜的情绪。

又，P.3486："谁人读咱书，奉上百匹罗。来人读不得，回头便唱歌。"这也是一个学童自鸣得意的诗作。大意是说，愿意出高价打赌，请人来读自己的书；别人读不懂，自己便高兴地唱歌而去。以艰深晦涩为高明，甚至以字迹难辨为得意，这虽是学童的认识水平，却使人感到稚气可爱。

又，P.3305《论语序》后题诗："可连（怜）学生郎，其（骑）马上天唐（堂）。谁家有好女，可嫁以（与）学生郎？"自夸前程远大，自以为"书中自有黄金屋，书中自有颜如玉"，虽调侃，但也反映了学郎们的读书目的（图6-8）。

又，北京图书馆"位"68："学士郎身性，装大要人求。难亏急学得，成人作都头。"这是讽刺其他学郎摆架子，装作都头的样子。

P.2622卷中有一首学郎要求先生不要占用假日，尽快放学的诗作："竹长林清郁郁，伯（百）鸟取（趋）天飞。今照（朝）是我日，且放学生郎归。"学堂外竹林青翠，百鸟合鸣，满眼春色。本来是假日，但先生仍把学生留在学堂里背书，学生在心里默默祈求快点放学，去春天的树林里快乐玩耍。吐鲁番出土的唐景龙四年（710年）卜天寿写卷亦有一首大意相同的五言诗："写书今日了，先生莫嫌迟。明朝是假日，早放学生归。"学生盼望放假的心情，古今一样。

P.3305《论语序》后还有两首题诗，其一："今朝闷会会，更将愁来对。

图6-7　S.0728 学郎诗　　图6-8　P.3305《论语序》后题诗

好酒沽五升，送愁千里外。"其二："写者不饮酒，恒日笔头干。且德（得）随宜过，有错没人看。"第一首下有"学生李文段书一卷"的题字，第二首又见于 P.2621 中学郎员义题记，因此是一首流行之诗。这位名叫李文段的学生或许年龄稍大，所以有饮酒嗜好，他的满腹愁绪也与一般学童的顽皮不同。

自勉自励，发奋学习，立志高远，成人成才，也是学郎诗的重要内容。五代时期敦煌历法家、沙州归义军节度府的高级官员翟奉达在敦煌郡州学做学生时就曾写道："三端俱全大丈夫，六艺堂皇世上无。男儿不学读诗赋，恰似肥菜根尽枯水。驱（躯）体堂堂六尺余，走笔横波纸上飞。执笔题篇须用意，后任将身选文知。哽咽卑末乎，抑塞多不谬。嵯峨难遥望，恐怕年终朽。"

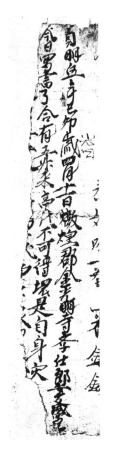

图 6-9　S.0692 卷末

又，学郎李幸思在 P.2498《李陵答苏武往还书》卷末诗云："幸思比是老生儿，投师习业弃无知。父母偏怜惜爱子，日讽万行不滞迟。"这首诗是李幸思自白心迹之作，为了报答年老父母养育怜爱之恩，他发愤刻苦攻读，显得十分老成懂事。

孝敬父母是中华民族的传统美德，孝道是古代教学中的重要内容。学生孟郎郎 P.3534 在《论语》卷第四后写道："白白天上云，父母生我身。小来学里坐，今日得成人。"以"白云"起兴，短短四句，朴素地表达了小孩子对父母的养育之恩的感念之情。

一些学郎的诗则充满了辛酸与愤懑。S.0692 卷末敦煌郡金光明寺学士安友盛写道："今日写书了，合有五升麦。高贷不可得，还是自身灾。"抄书虽苦，但抄好后多少有一些糊口之粮；高利贷借不得，因为还债是一种灾难（图 6-9）。

北京图书馆"宿"99 号卷中的五言诗更引人注目："写书今日了，因何不送钱？谁家无赖汉，回面不相看！"学郎业余从事写书的兼职，但辛辛苦苦将经抄完后，雇用者却又不来取了，报酬不得，功夫白花，学郎只好以这首诗诅骂违约的雇用者。

综观上述作品，唐宋时代的敦煌学郎诗，自然亲切，脱口成章，不事雕饰，生动地反映了当时敦煌学郎们的生活内容和精神面貌。

真实生动的学堂图

敦煌壁画中描绘有生动形象的学堂教育图。如莫高窟晚唐第 12 窟东壁《维摩诘经变》中，有一幅尊师重教的场面，图中学堂为一整院落，中间正房为一单檐庑殿建筑，学堂老师正端坐于前；维摩诘居士侧坐于旁。一仆人躬身九十度，正恭敬上茶侍奉老师。一侧的厢房内，学郎们正在琅琅读书（图 6-10）。

壁画中还描绘有老师体罚学生的生动画面，如莫高窟中唐第 468 窟北壁，五代时期所绘《药师经变》中有一幅古代学堂体罚学生的画面，图中绘一老师端坐于正房，院落内一助教右手高高举起一长木条，正准备抽打一学郎，该学郎赤着脚，衣

图 6-10　晚唐第 12 窟东壁　维摩诘经变·学堂

图 6-11　中唐第 468 窟北壁　五代绘药师经变 体罚

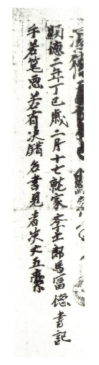

图 6-12　P.2746《孝经》卷末题诗　图 6-13　P.3780《秦妇吟》卷末题诗

袖和裤腿都被卷起露出皮肉，臀部微微翘起，无奈地回头望着助教，正痛苦地承受着抽打；后面厢房内有几个学郎坐在桌旁，案上摊着课本，面面相觑，一副愤愤不平的样子。这是古代敦煌学童被体罚情景的真实写照（图6-11）。

学郎诗中也有当时学堂体罚学生的记载，如一位姓翟的学郎在 P.2746《孝经》卷末写道："读书须勤苦，成就如似虎。不词杖捶体，愿赐荣驱路。"为了学有所成，不怕先生竹板子打屁股，但这同时也反映当时学生被体罚的真实情况（图6-12）。

学生抄错了字，

老师要处罚，如有学郎马富德在 P.3780《秦妇吟》卷末感叹："手若（弱）笔恶，若有决（阙）错。名书（明师）见者，决丈（杖）五索。"（图6-13）

体罚学生，自古有之，如今虽然明文规定取消体罚，但有关一些老师违法体罚学生的事情，时有报道；有关体罚学生的利弊，也还有人争论。

另外值得注意的是，这些有关学校教育的画面中，所描绘的人物都是男性，没有一个是女性。

取悦于人的女子教育

古代敦煌的女子也要学习，但学的不是诗书，而是针线裁缝，一辈子为别人做嫁衣裳；另外还要学音乐，这是为了取悦于人，目的是创造条件觅个好夫婿。

因此，即使在比较开放的敦煌唐宋时期，女子也不能进正规学校接受教育，甚至连寺学以及包括乡里坊巷之学及私塾在内的义学也没有女子就学的记载。不过，女子有条件者，即有经济能力的家庭，可聘请老师到家中教授，其内容以女红为主，兼学音乐，如敦煌写卷 P.2418《父母恩重经讲经文》中所言："男须文墨兼仁义，女要裁缝及管弦。"

唐朝末年，敦煌民间流行一种性质为"女训"的通俗读物，即正面进行妇道教育的《崔氏夫人训女文》（P.2633、S.4129、S.5643），其内容为女子出嫁时母亲的告诫训示。母亲作为过来人的带有经验传授、教导训诫性质的告诫，具有指导性意义。如"好事恶事如不见，莫作本意在家时"，教以凡事首先要克己；"欲语三思然后出，第一少语莫多言"劝慎言，"路上逢人须敛手，尊卑回避莫汤前"劝慎行，并注意尊卑；"姑章（嫜）共语低声应，小郎共语亦如然"，教导如何与翁姑小叔相处，即要敬事翁姑；"妯娌相看若鱼水，男女彼此共恩怜；上和下睦同钦敬，莫作二意有慵偏"，教导如何与妯娌等人际关系相处；"夫婿醉来含笑问，迎前扶持送安眠；莫向人前相辱骂，醒后定是不和颜"，教导如何与丈夫相处，并告诫不顺从丈夫的后果。如此等等，"若能一一依吾语，何得翁婆不爱怜。故留此法相教示，千

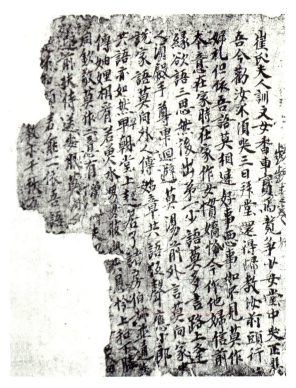

图6-14　S.4129崔氏夫人训女文（局部）

秋万古共流传"，强调以上训示的意义。（图6-14）

唐宋时期的敦煌，最为盛行的普及性读物有《千字文》《开蒙要训》《百家姓》《太公家教》《武王家教》《辩才家教》等家教类蒙书，[①]因为影响面极广，其中有关女子教育的内容，对一般妇女可能有更多、更深、更重要的影响。

《太公家教》中有关女子教育的内容颇为全面："育女之法，莫听离母。……女年长大，莫听游走。……女人游走，逞其姿首，男女杂合，风声太丑，污染宗亲，损辱门户。妇人送客，不出闺庭；所有言语，下气低声；出行逐伴，隐影藏形；门前有客，莫出闻听；一行有失，百行俱倾；能依此理，无事不精。新妇事君，同于事父；声音莫听，形影不睹。夫之父兄，不得对语。孝养翁婆，敬事夫主；亲爱尊卑，教示男女；行则缓步，言必细语；勤事女功，莫学歌舞；少为人子，长为人母；出则敛容，动则庠序；敬慎口言，终身无苦。希见今时，贫家养女，不解丝麻，不娴针缕，贪食不作，好喜游走；女年长大，聘为人妇，不敬翁家，不畏夫主；大人使命，说辛道苦，夫骂一言，反应十句。损辱兄弟，连累父母，本不是人，状同猪狗。……女慕贞洁，男效才良。……养男不教，不如养驴；养女不教，不如养猪。痴人畏妇，贤女敬夫。"

①汪泛舟：《敦煌古代儿童读本》，甘肃人民出版社，2000年。

《武王家教》中涉及女子教育的内容："男教学问，拟待明君；女教针缝，不犯七出。常莫用佞言，治家莫取妇语。"

《辩才家教》中涉及女子教育的内容："贞女聘与贤良，谨节侍奉姑嬷。严母出贞女，严父出［贤良］。"

《千字文》中涉及女子教育的内容主要有"女慕贞洁，男效才良""夫唱妇随。外受傅训，入奉母仪"。

《杂抄》，又名《珠玉抄》《益智文》《随身宝》，属于知识类蒙书，其中涉及女子教育的内容："论妇人四德三从。何名四德？一、妇德，贞顺；二、妇言，辞命；三、妇容，婉悦；四、妇功，丝麻。何名三从？妇女在家从父，出嫁从夫，夫死从子。"

《孔子备问书》也属于知识类蒙书，其中涉及女子教育的内容："问曰：何谓妇人七出？一无子，二□□，三不事舅姑，四口舌，五窃，六妒，七恶疾。但犯一条即合弃之。若无七出，□弃之徒一等。何名三不去？一曾持舅姑之服，二取贱后贵，三有所取无所归。难犯七出，不合去之，违大一等，若犯奸及恶病由士弃之。问曰：女家有四不可聚（娶）何？弟（第）一不孝，二始多病淫色有生离之类，三及逆不顺，四寡妇长养女无礼，此之是也。"

《百行章》属于修行类蒙书，其中涉及女子教育的内容："贞行章第十三：虽遭乱代，不为强暴之勇；俗有倾移，不夺恭姜之操。秋胡贱妾，积记传之；韩氏庸妻，今犹敬重。妇人之德，尚自而然；况乃丈夫，宁不刻骨？"

如此等等，古代敦煌的女子教育，主要是从封建礼教的角度出发，要求妇女三从四德，即使提供条件让女子学习音乐等，也只是培养女子取悦于人，提高其出嫁的档次，即 P.2418《父母恩重经讲经文》中所云："学音声，屈博士，弄钵调弦浑舍喜；长大了择时聘与人，六亲九族皆欢美。"

实用数学教材

在藏经洞出土的敦煌文献中，保存有一批古代数学写本。其中包括算书、算

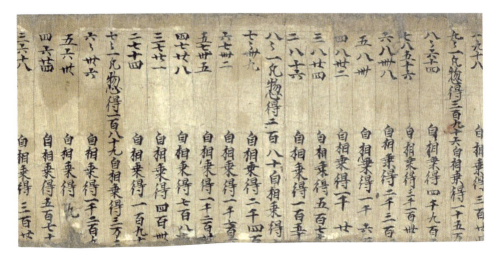

图 6-15　P.3349 算经

经、算表等手抄本，以及与之密切相关的计量、衡量等史料。此外，还有古藏文数码、古藏文乘法九九表及回鹘—粟特文转写的汉文数字等珍贵资料。

敦煌这些数学写本大多是古代的数学教材，反映了古代数学教学和应用的情况。其内容实用而广泛，包括记数、识数、读数、十进位制、度量衡制、单位数相乘、多位数相乘、平方、加减乘除综合计算及其应用题；矩形、圆形、三角形、梯形（箕形）、环形面积的计算，以及一些不规则形体的近似计算。还有民食、军需的宏观统计、军事编制和防御设施的有关计算等。这些算经选题精当，实用性强，能够解决日常生活、生产和行政管理等方面的计算问题。教法从实例入手，从具体到抽象，易学、易记、易懂，充分反映了我国传统数学注重应用、讲求实际的特色。

如敦煌文献 P.3349 和 S.5779 算经中，便记载有十种实用的田积计算法，即方田、直田、圆田、环田、箕田、蛇田、鼓田、圭田、角田和四不等田。如环田（正圆内空，形如环玉）的算法是"并内外周折之，以乘径得……"，这是我国特有的计算方法，有很高的实用价值（图 6-15）。

P.2490 是我国罕见的土地面积计算表，抄于后周广顺二年（952 年），今存六纸，绘表格共有 15 大格（内残损 4 大格）1250 小格，呈阶梯状排列（表中格线用朱笔描绘，数字及单位用黑墨书写），从表中可以迅速查出边长 10 步至 60 步的任何矩形田块面积（图 6-16）。

　　敦煌算书中有 5 件《九九表》，全表完整地共有 45 句，始"九九"而终"一一"。这 5 件"九九表"与《孙子算经》规格相同，但是既不同于先秦典籍中 36 句的古九九表，也不同于宋代和西方普遍使用的 81 句的大九九表。有的卷中还运用了中国古代数学的演算工具筹式数码，非常独特。另外，P.3349、S.5859 算经在每句下面又添"自相乘"（平方）和"分之"两种数据，如"九九八十一，自相乘得六千五百六十一，九人分之得七百二十九"，这是我国其他算经所不载的，是一种独创。敦煌这 5 件《九九表》扩充了九九表的功能，一是有助于初学者提高乘、除、加法综合运算能力，二是如果能记住一些数字的平方和商有利于速算，三是可以供实际运算查阅。这反映了作者考虑的周详和当时数学教学的进步。

　　P.3349 算经中不仅有十进制和亿进制两种记数法，最大的记数单位"极"相当于 10 的 96 次方，这比现在一切天文数字还大得多。最引人瞩目的是敦煌算经中有些卷子采用了筹式计算，并记述了筹数的基本知识。这种数码形成于春秋战国时期，不仅具备一整套符号，而且可以表示两位数和三位数，实用性强。

　　在 S.930《立成算经》中，还有与《孙子算经》相近的金、银、铜、铁、铅的密度，通过换

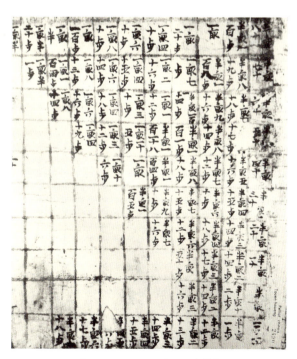

图 6-16　P.2490 土地面积计算表

算对比可以看出：关于银的比重数，《立成算经》比《孙子算经》精确，铜的比重误差不超过 4%，这在世界物理史上是一项领先的成就。

在 S.663 算经中，还有两道关于田亩产量计算和复利的应用计算题。另外，P.3349、P.2609、S.617 等算经中还有不少关于度量衡方面的内容，P.2609、S.617 算经中的数部、度部、秤部、市部，都记录了当时数学及度量衡制度等内容。

敦煌算经中还有许多涉及社会、经济、政治、军事诸方面应用算数的一些实例。例如 P.3349、P.5779 中列出的"均由法第一"的篇目，P.2667 中列出的对民需、军需粮食和衣物的宏观统计，军事编制、城市部署和防御设施营造时的土石方计算等。

敦煌算书不仅内容丰富，而且具有结构严谨、选材适中、举例恰当、行文流畅等特点，是古代数学教学和数学应用的实用性教材。

第七章

变文俗讲

生动活泼的变文

1900 年，敦煌藏经洞被打开，五万多件写卷面世，人们发现了一种以前从未见过的新文体——变文。起初，人们不知其为何种文学样式，后来，根据原写本上写有的"变"字，确认这是产生于唐宋时期的一种新文体。

变文，是寺院僧侣向佛教徒讲述佛经内容的一种文体。正如用具体形象描绘佛经内容的壁画称为"变相"一样，这种文体叫变文。这种文体将佛教义理通俗化，说唱结合，生动活泼，容易理解。经文教义的艺术形式，变文配合变相演讲。大致是边说边唱边引导听众观看变相，也有不挂图画，只讲唱的。敦煌变文现存 190 多种，按其内容大致分为讲唱佛经故事和非佛经故事两类。

讲唱佛经故事的变文，如《阿弥陀经变文》《维摩诘经变文》等等。变文演唱时，先引述一段经文，然后边讲边唱，根据经文加以铺陈渲染，散韵交错，演唱兼及，听者也可以跟随吟唱。另外，也有文前不引用经文的，而是根据佛经里的故事或传说，自由地抒发阐扬。如《降魔变文》《目连救母变文》，这些以佛经故事为主体，其间也掺和儒家人伦孝道的思想感情。《目连救母变文》中目连是佛家弟子，但他历经千辛万苦入地狱，寻访其母，最后在佛陀的帮助下，使其母皈依佛法，脱离了苦海。故事宣扬了佛法，也宣传了孝道。这种观念，因为与中国传统观念相吻合，而容易被人们所接受。

非佛教故事内容的变文，也有不少。其中最有代表性的如《伍子胥变文》《李陵变文》《王昭君变文》《汉将王陵变文》《孟姜女变文》《张议潮变文》《张淮深变文》等等。这些以历史故事、民间传说、现实内容为题材而创作的变文，不受佛教经典的束缚，着意于表达地域的民族的情感与观念。在历史故事变文中，大多以一个历史人物为主，撷取历史事件中的轶事、趣事，吸收民间传说，进行加工、渲染、再创造，改编成变文讲唱，不但形象地再现了特定历史时期的历史画面，同时也是人民褒忠贬奸、评价历史的特殊手段。如《张议潮变文》，记叙的是敦煌人张议潮在唐宣宗大中年间（848～859 年）趁吐蕃内讧，率领民众赶走吐蕃，收复河西的瓜、沙、伊、西等广大地区，并派人奉十一州地图户籍归唐的故事。唐王朝封张议潮为瓜、沙、伊、西等八州归义军节度使（图 7-1）。变文讴歌了这位起义军首领收复失地，巩固边防的光辉业绩，描述了威武雄壮、气势磅礴的战争场面和高昂的士气。文字简洁生动，富于感染力，如："仆射即令整理队伍，排比兵戈；展旗帜，动鸣鼍，纵八阵，骋英雄。兵分两道，裹合四边。人持白刃，突骑争先。须臾阵合，昏雾涨天。汉军勇猛而乘势，拽乾冲山直进前。蕃戎胆怯奔南北，汉将雄豪

图 7-1　晚唐第 156 窟　张议潮统军出行图

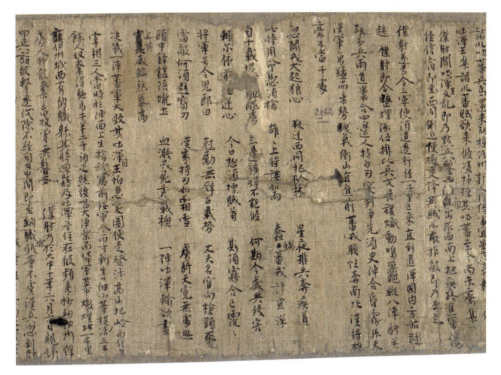

图 7-2　P.2962 张议潮变文（部分）

百当千。"（图 7-2）

　　又如以《汉书·元帝纪》《匈奴传》《西京杂记》和民间传说编成的《王昭君变文》，在讲述昭君出塞远嫁匈奴单于的故事中，极力突出塞外的萧瑟凄凉，反反复复渲染昭君触景伤情所引起的眷念故国、思念乡土的深情，以致最后在郁郁寡欢、离愁别恨中思乡而死；篇末以哀帝遣使祭祀青冢的沉痛哀辞作结，更是加深了故事的悲剧气氛。

　　而《舜子至孝变文》中，竭力宣传舜子的逆来顺受，孝感于天；同时通过舜子几次机智逃脱后母的陷害，反映了封建社会较为普遍存在的家庭内部矛盾斗争。生动描述了后母之狠毒、狡黠，瞽叟之轻信、昏聩，舜子之机智、至孝。叙事采用反复手法，又采用传统的三灾三难的"三迭式"结构，语言朴实风趣，极富民间故事的趣味性。（图 7-3）

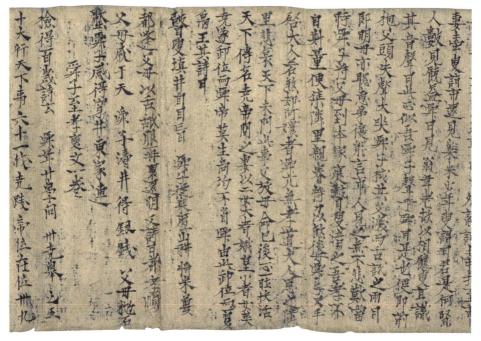

图7-3 P.2721 舜子至孝变文（部分）

敦煌变文以散文讲故事，韵文重复歌唱讲述过的故事内容。散文楚楚动人，韵文提纲挈领，这样反复讲唱，有利于加强听众的印象，增进记忆和理解，显示出它的通俗化和大众化。变文极善于将人们的宗教情感和真善美情感合而为一，奇幻的构思，曲折动人的情节，人物内心活动的描述，庞大的场面铺陈，使变文这一艺术形式具有广泛的群众基础。

敦煌变文散韵结合的形式，首开中国说唱文学的先河，当时就对传奇小说、叙事诗产生了影响，宋元以后的各类讲唱技艺无不与变文有着很深的血缘关系。宋元时期的话本、诸宫调、杂剧、南戏，现代北方的"鼓词"和南方的"弹词"，文体也都以散文和韵文交错组合而成。追根溯源，变文可以说就是它们的远祖。至于宗教性质的"宝卷"，就更是变文的嫡系子孙了。就连藏族的民间曲艺"拉玛麻尼"，据说也深受变文的影响，甚至它的演出方式——在寺庙附近、市场周围，将画挂在墙壁或树上，一边用细木棍指点画面一边演唱，与变文的演唱形式也是颇为相似的。

自然质朴抒发情感的歌辞

敦煌歌辞是唐代敦煌通俗文学中的一类作品，又通称敦煌曲子词，包括敦煌遗书中的"敦煌曲""曲子调""俗曲""小曲""曲子""词"等。敦煌歌辞大都源自民间，比较真切地反映社会现实，抒发下层人民的思想感情。它们符合倚声定文、由乐定辞的原则，又托于曲调，能被之管弦发声歌唱，所以统称为敦煌歌辞。

敦煌藏经洞出土文献中，保存了唐五代时期的歌辞作品多达1300 多首。

敦煌歌辞主要来自民间，内容丰富，题材广泛，具有相当强的社会功能。正如王重民先生在《敦煌曲子词集·叙录》中所说："今兹所获，有边客游子之呻吟，忠臣义士之壮语，隐君子之怡情悦志，少年学子之热望及失望，以及佛子之赞颂，医生之歌诀，莫不入调。"①作者身份也极为复杂，戍边将士、乐工歌妓、佛子道士、船工渔人、医士闺秀，莫不吟唱命笔。敦煌歌辞不但思想内容丰富，在艺术造诣上也有很高的成就。它直接继承了我国现实主义文学传统，又有比较浓厚的浪漫主义色彩，塑造了鲜明生动的艺术形象，在遣词、炼句、写景、造意等方面都有不少独到之处，放射出绚丽的光彩，对当时及后世歌辞的影响是极其广泛而深远。

敦煌歌辞大致分为以下几类：

一、边塞词。在敦煌歌辞中有不少边塞词，不论数量还是质量，在唐代边塞文学作品中都占有重要地位。由于这是民间词，

① 王重民辑：《敦煌曲子词集（修订版）》，商务印书馆，1956 年，第 2 页。

所表现得思想感情更为健康，表意更为直截了当，风格更为质朴，语言更为通俗。其中保家卫国是敦煌边塞词最为突出的重大主题。如："大丈夫汉，为国莫思身。单枪匹马盘阵。尘飞草动便须去，无复进家门。　　两阵壁，隐隈处，莫潜身。腰间四围十三指，龙泉宝剑靖妖氛。手将来，献明君。"这种保家卫国的男子汉大丈夫的豪情，在唐宋文人词中找不到的。不仅写男子汉如此，还表现了巾帼英雄的豪情壮志。如："女人束装有何妨？装束出来似神王。宁可刀头剑下死，夜夜不便守空房。"这里写的是一个妇女在丈夫被征入伍将要远征时的心情，她欲代丈夫出征，意志极为坚决。其忠肝义胆，是因无奈而代父从军的花木兰所远不能比拟的。

二、闺情词。在敦煌歌辞中，反映妇女思想感情和生活情态的词为数不少，其中所写，多为下层良家妇女，而且许多作品正出自她们之手，因而都抒发了她们的真情实意，使人倍感亲切。

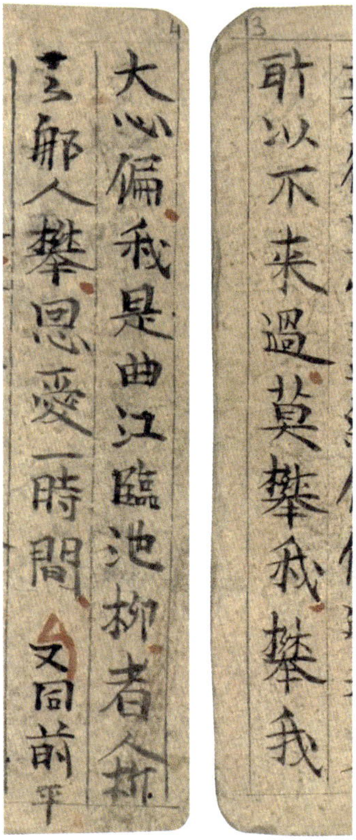

闺中怀念征人，是这类词的重要主题。如："叵耐灵鹊多谩语，送喜何曾有凭据？几度飞来活捉取，锁上金笼休共语。　　比拟好心来送喜，谁知锁我在金笼里！欲他征夫早归来，腾身却放我向青云里。"（《鹊踏枝》）这首词借闺中少妇的行动和她与喜鹊的对话，巧妙地表现了少妇对征人的思念之情。这种奇特的物语形式，在全部唐宋词中是独一无二的。

深闺怨女的怨词也占有很大的比重，且写得委婉动人。如："莫攀我，攀我太心偏。我是曲江临池柳，者人折了那人攀，恩爱一时间。"（《望江南》，图7-4）又如："天上月，遥望似一团银。夜久更阑风渐紧，为奴吹散月边云，照见负心人。"（《望江南》）

图 7-4　P.3911 写卷

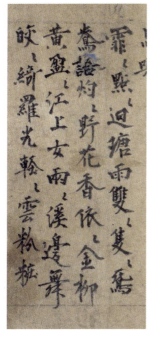

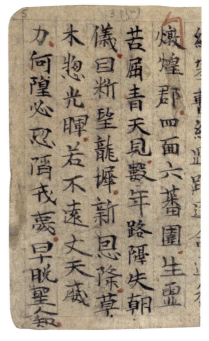

图 7-5　P.3994 写卷　　　图 7-6　P.3128 写卷　　　图 7-7　P.3911 写卷

在这类词中，也有直接抒发妇女爱情的。如："枕前发尽千般愿，要休且待青山烂。水面上秤锤浮，直待黄河彻底枯。"（《菩萨蛮》）这种率直地表示海枯石烂心不变的高尚情怀，是很质朴动人的。

也有的是对民间妇女劳动、歌舞和游赏的描写，如："霏霏点点回塘雨，双双只只鸳鸯语。灼灼野花香，依依金柳黄。　　盈盈江上女，两两溪边舞。皎皎绮罗光，轻轻云粉妆。"（《菩萨蛮》）（图 7-5）

三、咏时事词。这类词指的是那些咏写当时的政治、军事等实事和当时有名人事之作，具有史诗的性质。如歌颂敦煌守将的："敦煌古往出神将，感得诸蕃遥钦仰。效节望龙庭，麟台早有名。只恨隔蕃部，情恳难申吐。早晚灭狼蕃，一齐拜圣颜。"（《菩萨蛮》）（图 7-6）又如："敦煌郡，四面六蕃围。生灵苦屈青天见，数年路隔失朝仪，目断望龙墀。　　新恩降，草木总光辉。若不远仗天威力，河湟必恐陷戎夷，早晚圣人知。"（《望江南》）（图 7-7）

有些词，还反映了当时中国历史上发生的大事。如："每见惶惶，队队雄军惊御辇。蓦街穿巷犯皇宫，只拟夺九重。　　　长枪短剑如麻乱，争奈失计无投窜。金箱玉印自携将，任他乱芬芳。"（《酒泉子》）词写黄巢农民起义的史实，描写了起义军英勇豪迈的气概，以及李唐王朝黄帝官僚们丧魂落魄的丑态。

除了上述几类外，在敦煌歌辞中，还有大量反映商贾、旅客、雇工们各自"富不归""贫不归""死不归"的不同命运，表现儒生穷愁潦倒、愤世嫉俗并发誓永远"不朝天"的思想感情，描写渔夫、豪侠、僧徒、道士、五陵少年、磨面娘子等各类人物形象等等方面的作品，充满民间生活气息。另外，也有不少宣扬佛理教义的佛曲歌辞，如《散花乐》《归去来》《悉昙颂》等，多为点化众生、劝善行孝、六道轮回、因果报应等宗教说教，其中也有对社会贫富不均和民生疾苦的反映。

敦煌歌辞继承和发展了中国古代诗歌艺术的优良传统。歌辞比较注意艺术境界的描绘，或着意写景抒情，让想象在优美的意境中翔游；或运用拟人化手法，构思奇巧，造意新颖；或选取贴切自然的比喻、生动有力的夸张，以增强艺术的感染力。

敦煌歌辞在中国词曲的发展史上构成了重要的一环，它是由汉魏六朝乐府诗至宋元词曲间的桥梁，为五代两宋词的兴盛繁荣开辟了道路。敦煌歌辞的发现，也为探溯词曲的起源、发展及其与音乐的关系，提供了可贵的资料。

讥刺嘲讽时弊的王梵志诗

在敦煌文献中保存的众多诗歌作品中，最引人注目的是唐人写本《王梵志诗集》。该写本多达31种，辑诗近400首。这些诗绝大部分以五言写成。诗人王梵志把通俗的语言、自由的章法引入诗歌领域，口语俚词、方言俗谚皆可入诗。既明白如话，通俗易懂，又言近旨远，发人深省。诗歌以说理议论为主，多据佛理教义以劝诫世人行善止恶，对世态人情多讽刺和揶揄；在嬉笑怒骂声中揭示人们灵魂深处的卑污与丑恶的东西，透过深沉的戏谑和无情的调侃，表现出惊世骇俗的隽永旨趣。

写人生无常的，如："城外土馒头，馅草在城里。一人吃一个，莫嫌没滋味。"又如："可笑世间人，痴多黠者少。不愁死路长，贪着苦烦恼。夜眠游鬼界，天晓归人道。忽起相罗拽，啾唧索租调。贫苦无处得，相接被鞭拷，生时有苦痛，不如早死好。"

写不赡养父母、不尽孝道的，如："你孝我亦孝，不绝孝门户。只见母怜儿，不见儿怜母。长大取得妻，却嫌父母丑。耶娘不睬睬，专心听妇语。生时不供养，死后祭泥土。如此倒见贼，打煞无人护。"（图7-8）

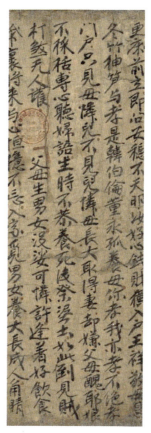

图 7-8　P.3211 写卷　　　图 7-9　P.3211 写卷

写哭死去亲人的虚假："堂上哭声身已死，哭人尽是分钱人，口哭原来心里喜。"

写待人处事伪善的："心里为欺谩，口中保念佛。"

描写懒汉的："世间懒惰人，五分向有二。例着一草衫，两膊成山字。出语嘴头高，诈作达官子。草舍原无床，无毡复无被。他家人定卧，日西展脚睡。诸人五更走，日高未肯起。"（图7-9）

写自足自乐的："吾有十亩田，种在南山坡。青松四五棵，绿豆两三窠。热即池中浴，凉便岸上歌。遨游自取足，谁能奈我何？"

写安于贫贱的："他家笑吾贫，吾贫极快乐。无牛亦无马，不愁贼抄掠。尔富户役高，差科并用却。吾无呼唤处，饱吃长展脚。尔富披锦袍，寻常被缠缚。穷苦无烦恼，草衣随体着。"

写自己处世哲学的："他人骑大马，我独跨驴子。回顾担柴汉，心下轻些子。"

在王梵志的诗中，嬉笑怒骂，皆成文章，看似平淡，实则深刻。《王梵志诗集原序》就说他："具言时事，不浪虚谈……不守经典，皆陈俗语。非但智士回意，实亦愚夫改容。远近传闻，劝惩令善。贪婪之吏，稍息侵渔；尸禄之官，自当廉谨。……纵使大德讲学，不及读此善文。"[1]任半塘先生也认为："若认真评价王梵志诗，实大奇特，全用五言，而翻腾转折，深刺浅喻多出人意外。其民间气息之浓，言外意味之厚，使读者不由不跟着他的诗歌哭笑怒，不能自持。"[2]

唐宋以来，王梵志的诗长期沉晦无闻，散失殆尽，只在个别史籍里有记载，且被视为性格怪异、善于戏谑的怪人。自1900年以后在藏经洞文献中发现30多种王梵志诗集手抄写本，才又引起人们的关注。

关于王梵志的生平，史书上没有记载，仅在五代冯翊子《桂苑丛谈》中有所记载："王梵志，卫州黎阳人也。黎阳城东十五里，有王德祖者，当隋之时，家有林檎树，生瘿大如斗。经三年，其瘿朽烂。德祖见之，乃撤其皮。遂见一孩儿，抱胎而出，因收养之。至七岁，能语。向曰：'谁人育我？'及问姓名。德祖具以实告：'因林木而生，曰梵天（后改曰志）；我家长育，可姓王也。'作诗讽人，甚有意旨，盖菩萨示化也。"由此可知王梵志出生于卫州黎阳，即今河南浚县；出生在隋文帝时，约6世纪末；唐朝民间已有王梵志的神话传说了。

从诗中也可以窥知王梵志的身世："吾富有钱时，妇儿看我

①张锡厚校辑：《王梵志诗校辑》，中华书局，1983年，第1页。
②张锡厚校辑：《王梵志诗校辑》，中华书局，1983年，第5页。

好。吾若脱衣裳，与吾叠袍袄。吾出经求去，送吾即上道。将钱入舍来，见吾满面笑。绕吾白鸽旋，恰似鹦鹉鸟。邂逅暂时贫，看吾即貌消。人有七贫时，七富还相报。图财不顾人，且看来时道。"他曾有一个生活殷实富裕的家庭，但时过境迁，家庭生活不断发生变化，渐趋破败，以至濒于穷愁潦倒的状态："草屋足风尘，床无破毡卧。客来且唤入，地铺蒿荐坐。家里元无炭，柳麻且吹火。白酒瓦钵盛，铛子两脚破。鹿脯三四条，食盐五六颗。看客只宁馨，从你痛笑我。"当此之时，生活已大不如以前，甚至落到一无所有、四处流浪的地步："近逢穷业至，缘身一物无。披绳兼带索，行时须杖扶。四海交游绝，眷属永远疏。东西无济着，到处即安居。"诗人不得不悲愤地写道："无衣使我寒，无食使我饥。还你天公我，还我未出时。"

由此可见，王梵志一生坎坷，饱经忧患，既享受过富裕家庭的温暖，也尝到过穷苦生活的辛酸。面对严酷的现实，诗人把荣华富贵、世态炎凉以至于生死问题都看得十分透彻。纵观王梵志的一生，可以算是一个地道的贫民诗人，也是一个贫民思想家。他的诗是他那个时代下层人民复杂而矛盾的心灵体现，一方面表现为质朴通俗，一方面表现为怪诞离奇。

王梵志诗的内容十分丰富。他讥讽王公贵族"年年喝仙药，处处求医方"，但最后还是逃不脱"纵得百年活，还入土孔笼"；他针砭时弊，揭露官吏的丑态："当官自慵懒，不勤判文案……更兼爱取钱，差科放却半。枉棒百姓死，慌忙迫走散。"他同情平民百姓："门前见债主，入户见贫妻。舍陋儿啼哭，重重逢哭灾。"他揭露战争的罪恶："流血遍荒野，白骨在庭边。"

王梵志的诗深刻反映了当时社会的现实问题，对丑恶给予辛辣地讽刺与抨击。诗人以敏锐眼光观察社会，捕捉社会生活的方方面面，运用通俗诙谐的语言，于怪诞中见纯真，奇巧中见自然，化深奥为平常。一反隋末唐初浮艳浓丽的齐梁遗风，开创了随意通俗的白话诗体的先河，形成了初唐独树一帜的民间韵味的诗风。

随意任性抒情言志的俗赋

所谓"赋"，刘勰《文心雕龙·诠赋篇》云："赋者，铺也。铺采摛文，体物写志也。"意思是说赋是一种以华丽的辞藻铺叙事实、抒写情志的问题。

敦煌藏经洞出土文献中，存有赋作的写卷有近40多个，去其重复者，有20多篇赋作。其中，有少部分见于古诗文集中，如张衡的《西京赋》、王仲宣的《登楼赋》、成公绥的《啸赋》、王绩的《游北山赋》《三月三日赋》《元正赋》、杨炯的《浑天赋》分别见于《文选》《全唐文》《文苑英华》《东皋子集》等文集中。另外，则多为流传于敦煌地区的唐人赋作。

敦煌俗赋有着十分广阔的社会题材和思想内容。它们从不同侧面描摹人物、抒写故事、表达感情。有的作品深刻地揭示出社会生活和人情世态中的各种矛盾以及潜藏着的思想危机，大胆讴歌为国为民尽忠尽孝的英雄行为，有力地谴责枉杀无辜的残暴罪行和非正义战争，借以激发人们抵御外侮、反抗强暴的思想情绪。

《秦将赋》取材于《史记·白起列传》有关白起坑杀赵卒四十余万的记载。对于这样一个令人震撼的事件，作者将其置入一个高度概括的典型环境，利用鲜明的形象描写，一步步刻画出秦将坑杀赵卒的凄惨场面："秦将昔时坑赵卒，入深谷，排一重刀，布一重弩。四面挟拾，百卒千遭。逼如地网，何异天牢。欲入地兮无处窜，欲□仰天兮无处逃。谷深涧远，山峻天高。陌刀下兮声劈劈，人声枉兮沸嘈嘈。刀光白，人气粗，血流涧下如江湖。……百里唯闻乞命声。一半死，一半在，旋斩旋填深坑底。兄以弟，父以子，两两相看被煞死。满谷只闻刀剑鸣，山遥遥觉血气。"作者以血淋淋的描写，率直表达对无辜者"朝朝怨气上冲天，夜夜唯闻鬼啼哭"和"暮昏鬼哭碎人心"的深切同情，并以"薄暮啾啾闻鬼哭，至今犹怨白将军"的诗句，大胆地谴责了"将军白起用兵权"的酷烈行为。其态度之鲜明、爱憎之强烈，跃然纸上。（图7-10）

《贰师泉赋》以李广利"精诚感天"而得神奇泉水的故事，铺叙成赋，热情讴歌汉贰师将军远征西陲、不畏艰难的英勇精神。赋中写道："我贰师兮精诚仰天，

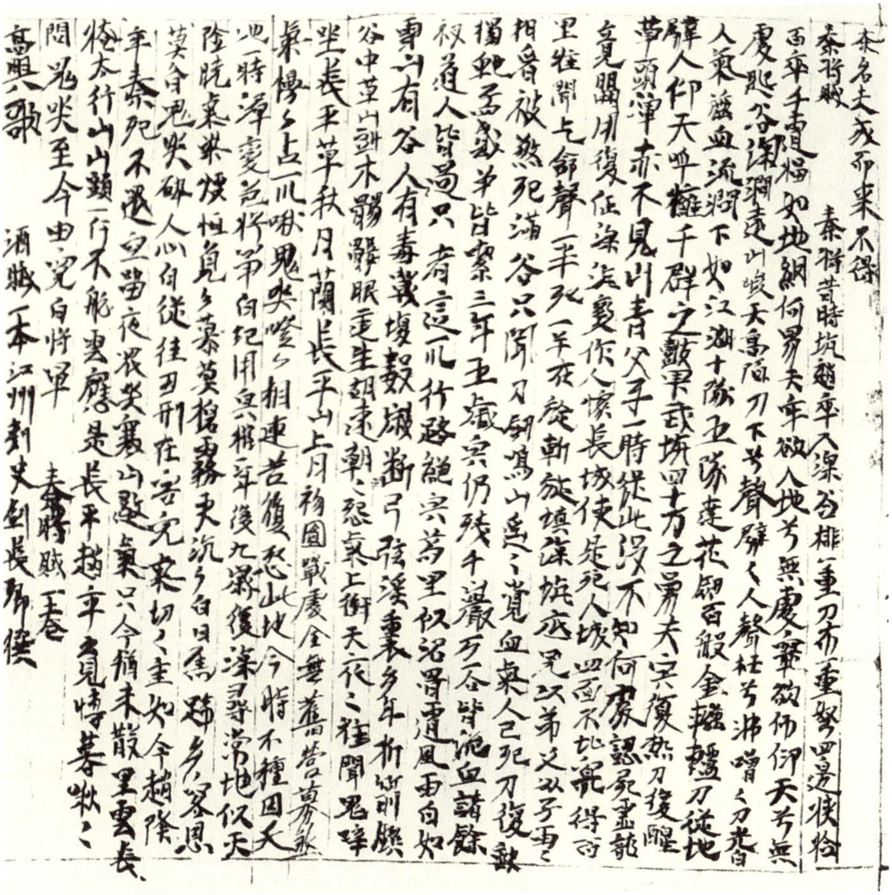

图 7-10　P.2488 秦将赋

拔佩剑兮叱咤而前。……刺岩面而霹雳，随刀势而流泉。……我将军之神武，使枯
鲈而复鲜。一队队歌，一队队穿。人马多而溢涌，人马少而涓涓。时振旅东去，神
功永传。"

　　敦煌俗赋的写卷，大都出自民间僧俗之手。这些作品反映的处世哲学，往往
表现出与统治阶级不能同流合污的人生态度。反映在作品中，便是坚持信念、孤高
自许的性情表现，如《渔父歌沧浪赋》中渔父与逐臣对举，渔父洞悉"避世之由"，
身怀"无羁之抱"，过着"泛波中流"、逐浪长歌般无忧无虑的生活；逐臣虽胸怀
"去奸党，涤浮媚"的大志气，终难施展其远大抱负，反而落得个"去国投荒"、被

逐沧浪渡头的下场。尽管他们的胸怀、志向不同，而在人生道路上却殊途同归。这不是个人命运问题，而是时代造就的悲剧。

在封建社会，许多知识分子被埋没在社会底层，抑郁难伸。不公平的遭遇，自然会引起强烈的不满。《佚名赋》对不公正的社会现象进行了直接抨击："才轻位重者称贤，位下才高者为辱。汉灵帝以驴变驾，马贱于驴；邹穆公以秕养凫，秕贵于粟。……君子勤道，小人勤禄。"

《酒赋》则极尽夸张铺叙之能事，描写狂欢纵饮、酩酊大醉的情景："珊瑚杯，金叵罗，倾酒淙淙如龙涡，酒若泉流注不息，口若沧海吸黄河。"这是近乎疯狂的痛饮。"彻夜连明坐不起，毛桃酩酊芳园里。回头吐出莲花杯，浮萍草盖泛香水。"这是醉后的狼狈情态。"醉眼更有何所忧，衣冠身外复何求？但得清酒消日月，莫愁红粉老春秋。"这是狂饮大醉后的心灵归宿。

另外，如《韩朋赋》赞扬歌颂了那些疾恶如仇、惩恶扬善的高尚行为，《燕子赋》以嬉笑怒骂、冷嘲热讽的方式鞭挞了人世间的种种罪恶和丑行，《晏子赋》以巧妙应对的谐隐之笔，展现了尖锐敏感的政治斗争。还有用极端手法描写丑妇的《丑妇赋》，更是一篇罕见的奇文。

总之，敦煌俗赋多以散体叙事为主，与传统的韵文赋体有别。特别是其中的对话问答体和包含有鲜明的人物形象、生动的故事以及随意任性抒情言志等特点，当是古来赋作之变体，体现了敦煌文学的创新精神。

开创中国白话小说先河的话本

话本是我国古代小说史上的一种重要体式。在唐宋时代，人们把民间艺人讲说故事以供群众娱乐的艺术形式，称作"说话"。话本就是民间艺人"说话"的文学底本。

在敦煌话本产生以前，古代小说已有魏晋六朝志怪小说和唐人传奇小说，但这些小说都是由文人创作的文言小说。而敦煌话本则是由民间艺人或下层文人创作的，它除了注重反映下层人民的思想感情外，最重要的是"说话"的文学底本，保留了"说话"艺人用口语即白话讲故事的特点，大量运用方言、俗语、谚语某种意义上，敦煌话本的产生实开古代小说史上白话小说的先河。

敦煌话本从不同角度反映了当时社会生活的方方面面。如《韩擒虎话本》叙述了隋朝名将韩擒虎奉隋文帝之命渡江讨陈，以大智大勇降服陈朝大将任蛮奴，生擒陈王；后来又与番邦使臣、王子比赛射箭，终于以高超的射技取胜，吓服了大夏单于的故事。这篇话本当作于晚唐、五代时期，在敦煌大约正是张议潮叔侄及曹氏统治时期。这一时期敦煌地区曾先后被吐蕃、回鹘等少数民族政权占领，隔断了敦煌政权与中原朝廷的关系。这一话本通过历史人物韩擒虎英雄业绩的歌颂，一定程度流露了民族情感，同时这篇话本所描写的韩擒虎在战斗中的勇敢和智慧，这也起到了鼓舞孤悬西陲的敦煌人民斗争的勇气和信心。

《孔子项讬相问书》叙述孔子与七岁小儿项讬相互用一系列问题辩问斗智的故事。每次问答，都以项讬取胜，孔子恼羞成怒，于是杀死项讬。项讬精灵不散，化作森森百尺之竹。早在《列子·汤问》中，就记载了孔子听两小儿辩论日之远近而不能断定谁是谁非的故事。《孔子项讬相问书》吸取了这一故事，并加以新的创造，表现出人民对统治阶级奉为"至圣先师"顶礼膜拜的孔子的轻蔑；而智胜孔子的七岁小儿项讬的形象，则显然是人民理想中智慧的化身。这篇话本在敦煌文献中的抄卷多达11种，可见它在当时的敦煌是极受欢迎而广泛流传的（图7-11）。

《庐山远公话》叙述东晋名僧惠远的故事。惠远家住雁门，初承师教，后南下庐山，诵念《涅槃经》，感动山神造寺、潭龙听经，又疏抄经义，广宣教义；后远公被寿山贼白庄劫寺时掳掠，为偿还前世之债而给白庄作奴，又卖身到崔相公家作奴，改名善庆，与高僧道安辩论涅槃经义，折服众人，名声大震；最后远公被晋文帝召见，供养数年后重返庐山，造一法船归依上界。全篇故事情节除了夸扬远公的神奇灵异外，特别宣扬了佛教因缘宿债、轮回报应思想。这篇话本是敦煌话本中保存最完整的一篇，具有一定的历史价值和文学价值。

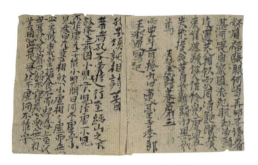

图 7-11　P.3833 孔子项讬相问书之一

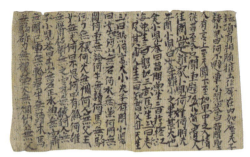

图 7-11　P.3833 孔子项讬相问书之二

图 7-11　P.3833 孔子项讬相问书之三

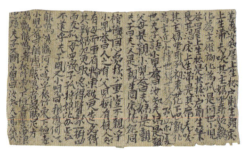

图 7-11　P.3833 孔子项讬相问书之四

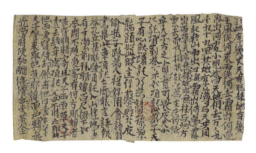

图 7-11　P.3833 孔子项讬相问书之五

图 7-11　P.3833 孔子项讬相问书之六

《叶净能话》是一篇道教徒为了宣扬道教而编的话本。通过叙述道士叶净能以符篆救回被华岳神摄去的张令妻，斩妖狐救活康太清女，为唐玄宗遥采仙药，化蛇噤鼓，化瓮助酒，斩龙取肉，祈天降雨，侍玄宗神游剑南观灯和神游月宫等一系列神奇灵异的故事，竭力夸耀道教，宣传神仙方术。唐朝三百年中，虽然儒、释、道三家并用，但又因种种原因时有所偏。在唐朝二十多个皇帝中，玄宗特别推崇道教。所以话本依附玄宗，具体形象地反映了玄宗崇道的一些情况，客观上具有一定的认识价值。

敦煌话本虽然还处于话本小说的初创阶段，但这些作品既继承前代文学遗产，又有所创新，不仅本身取得了一定的思想艺术成就，而且对后世的文学创作产生了比较广泛的积极影响，特别是对宋代话本的繁荣发展奠定了一定的基础。从题材内容上来看，《韩擒虎话本》开创讲史之先河，实为宋以后讲史类小说之滥觞；《孔子项讬相问书》对后世的影响极为深远，明本《历朝故事统宗》和《东园杂记》都有这个故事，民国时北京尚有《新编小儿难孔子》编印出售，足见其影响之深远。

从艺术创作上看，敦煌话本运用各种不同艺术方法塑造生动、鲜明的人物形象，以及追求故事情节的完整曲折和细节描写的细致深入，都为宋代话本提供了有益的经验；敦煌话本在体制、结构上初步形成的"引子开篇—正文居中—韵子结尾"的格局，为宋代话本所吸收，并发展得更加成熟，构成话本固定的开篇以诗词或小故事入话，中间正话，结尾以诗词煞尾的格局；敦煌话本小说开创的渐趋口语化、通俗化的文学语言也为宋代话本所继承，并进一步发展，成为更加生动活泼、通俗易懂的大众化文学语言。

总之，敦煌话本以其对于话本的草创开拓之功，而在中国古代小说史上写下了重要的一笔。

严肃而风趣的论说文

敦煌文学的体式非常丰富，除了有变文、话本、歌辞、诗赋、小说等文体外，还有很多难以归类的杂文杂记。这些杂文杂记均以不同体式表现出浓厚的文学色彩，其中一些突出的作品，代表了敦煌文学的水平，应在中国文学史上占一席之地。如 P.2718、P.3910、S.5774 等写卷中的《茶酒论》就是一篇寓理于文、注重论辩技巧和深度的论说文（图 7-12）。

《茶酒论》这篇杂文所论所说，是现实生活中的"小事"，全文围绕着茶与酒哪

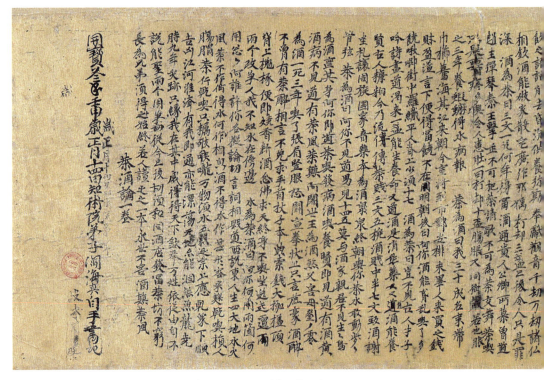

图 7-12　P.2718 写卷　茶酒论

一个重要、谁最有功勋而展开激烈的争论。文中紧密联系普通社会的生计和为人，比事推求，说理通达，语言成趣，别有一番风味。

文章采用问答辩诘形式展开，先由茶方发难，酒方辩答；相交四个回合，难分胜负。双方答辩辞文，立论在理，文采风流，且诙谐成趣，读来令人捧腹。如两个回合之后：

茶谓酒曰："我之茗草，万木之心。或白如玉，或似黄金。名僧大德，幽隐禅林。饮之语话，能去昏沉。供养弥勒，奉献观音。千劫万劫，诸佛相钦。酒能破家散宅，广作邪淫。打却三盏后，令人只是罪深。"

酒谓茶曰："三文一缸，何年得富？酒通贵人，公卿所慕。曾道赵主弹琴，秦王击缶。不可把茶请歌，不可为茶交舞。茶吃只是胃疼，多吃令人患肚。一日打却十杯，肠胀又同衙鼓。若也服之三年，养虾蟆得水病报。"

茶谓酒曰："我三十成名，束带巾栉。蓦海骑江，来朝今室。将到市廛，安排未毕。人来买之，钱财盈溢。言下便得富饶，不在明朝后日。阿你酒能昏乱，吃了多饶啾唧。街中罗织平人，脊上少须十七。"

酒谓茶曰："岂不见古人才子，吟诗尽道：渴来一盏，能养性命。又道：酒是消愁药。又道：酒能养贤。古人糟粕，今乃流传。茶贱三文五碗，酒贱盅半七文。致酒谢坐，礼让周旋。国家音乐，本为酒泉。终朝吃你茶水，敢动些些管弦！"

茶、酒双方辩论，各有理由，妙语连珠，隽词迭见，社会风俗民情于中可见，既风趣而又有哲理。

在茶、酒双方如此论辩、难分难解之际，这时"水"方出面调解作结，讲出一番道理，出人意表，引人入胜，令人叫绝：

水为茶、酒曰："阿你两个，何用匆匆？阿谁许你，各拟论功！言词相毁，道西说东。人生四大，地水火风。茶不得水，作何相貌？酒不得水，作甚形容？米曲干吃，损人肠胃。茶片干吃，只砺破喉咙。万物须水，五谷之宗。上应乾象，下顺吉凶。江河淮济，有我即通。亦能漂荡天地，亦能涸煞鱼龙。尧时九年灾迹，只缘我在其中。感得天下亲奉，万姓依从。犹自不说能圣，两个何用争功？从今以后，切须和同。酒店发富，茶坊不穷。长为兄弟，须得始终。"

水方所说的道理，于茶酒双方，均为至理名言，无可辩驳，读之令人口服心服。

文末，作者用"若人读之一本，永世不害酒颠茶疯"结尾。显然，作者的用意，是在劝人切勿争功好胜。然而，作者并不直接出来说理，而是以拟人化的手法，让茶、酒争论而让水作评论。其写法与传统的论说文不同，但却使论辩更为浅显易懂，使道理更能为读者所接受。

《茶酒论》全篇，语言通达，立论引用儒佛典故，托物取喻，贴切而有分寸；能熟练运用形式逻辑，辩驳有力；于严肃之中兼富诙谐，是前代诙谐文体的继承和发展，堪称敦煌文学中的代表作之一。

妙乐炫舞

《敦煌舞谱》之谜

《敦煌舞谱》，是从敦煌藏经洞中发现的唐五代时期的舞谱残卷，用汉字记录着唐、五代时期部分舞蹈曲名、动作、节奏。

《敦煌舞谱》残卷全被斯坦因和伯希和携往国外，分藏在英国和法国。具体残卷为：P.3501，计有《遐方远》《南歌子》《南乡子》《双燕子》《浣溪沙》《凤归云》六调十四谱；S.5643，计有《蓦山溪》《南歌子》《双燕子》三调十谱；S.5613《南歌子》；P.3719《浣溪沙》；S.785《荷叶杯》；S.7111《别仙子》等。原谱均分行竖抄，间有残阙。各谱开端所标曲名均为唐、五代流行的曲舞名称，曲名后有一段

说明舞蹈节拍、节奏和起止转换的文字，然后是由令、舞、送、据、按、摇、奇、揖、约、拽、请、与、头等字排列组合而成的字组。各谱二、四、六、八段不等，每段十、十一、十二、十四、十六字不等（图8-1、2）。

1925年，刘复（刘半农）第一个将P.3501录本拟名为"舞谱"编入《敦煌掇琐》。自此，《敦煌舞谱》遂为世人瞩目，得到中外学者公认，并对此进行广泛深入地研究。如1938年，罗庸、叶玉

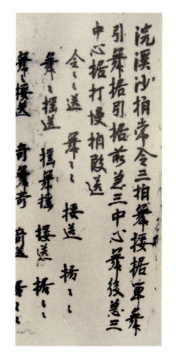

图 8-1　P.3501 舞谱

图 8-2　S.5643 舞谱

华在《唐人打令考》文内列"敦煌舞谱释词"一节，认为 P.3501 所抄六调十四谱均为唐、五代打令舞谱，文章并对谱内送、摇、授、据等九个名词作了考释。1953 年，任二北在所著《敦煌曲初探》中专列"舞容一得"章，对 P.3501 各谱的"谱式、舞势、舞拍"作了归纳，并征引文献资料，试释了谱字含义。1979～1984 年，日本水原渭江在林谦三《敦煌舞谱解读的端绪》基础上，发表了总题为《敦煌舞谱解读研究》的论文，对二十四谱的谱字所表示的节奏及其组合作了解释。1984 年，柴剑虹提出舞谱由曲名、序词、字组三部分组成，将部分舞谱不规则的字组，按序词规定的节奏，整理成整齐的舞句、舞段。1985 年 11 月，王克芬发表《敦煌舞谱残卷探索》一文，从舞谱中记录舞蹈动作的字义本身，去推测它们可能代表的动作。另外，饶宗颐《敦煌舞谱校释》、彭松《敦煌舞谱残卷试破》、董锡玖《解开敦煌舞谱之谜》等，都从不同角度对《敦煌舞谱》进行了研究。

从《敦煌舞谱》内容看，它所用的动作、队形、节拍是非常丰富的。动作有令（舞段的开始）、舞（手的动作）、拽（脚的动作）、摇（全身的动作）、奇（脚的动作）、约、揖（双人舞合作的动作）、请（招呼邀请的动作）、头（头部的动作）、与、送（多用于结尾的动作）等十多个动作。如敦煌壁画中就有独舞、双人舞、四人舞、四人（两人一组）的方舞和八人两组、四人一排相对而舞的队舞。舞谱上还有"巡""轮"等圆圈舞。《敦煌舞谱》制谱有一定的格式、规范，调后即是说明节拍的序词，如"慢二急三慢二"，如果重复就写"准前"，序词之后分段写明动作，整齐清晰，显示出一定的舞法规律。

《敦煌舞谱》是专业艺人用的文字舞谱，其中有许多是艺人的行话，记录这些舞谱的也是当时当地的俗字；再者，这些舞谱都是残谱，很可能遗失的就是舞蹈的动作说明。所以《敦煌舞谱》自发现以后，虽然中外学者对此进行了广泛深入地研究，但仍未能得到一致的结论：有人认为这是唐人喝酒行酒令的打令谱，有人认为是唐代的大曲，有人则认为是杂曲子，也有人说是寺院舞蹈谱，还有人认为这是教授舞蹈的课本，还不是完整的舞谱。总之，仁者见仁，智者见智，众说纷纭，尚无定论，至今还是一个难解之谜。

音乐"天书"《敦煌曲谱》

《敦煌曲谱》，亦称唐人大曲谱、敦煌卷子谱、敦煌琵琶谱等。1908年，被伯希和从敦煌藏经洞劫走，现收藏在法国巴黎国立图书馆，编号为 P.3808。

P.3808写卷正面为《长兴四年中兴殿应圣节讲经文》，乐谱便抄写在其背面，为一种符号型乐谱，有分段曲谱共25首，题名分别为：1.《品弄》；2.《弄》；3.《倾杯乐》；4.《又慢曲子》；5.《又曲子》；6.《急曲子》；7.《又曲子》；8.《又慢曲子》；9.《急曲子》；10.《又慢曲子》；11.（佚名）；12.《倾杯乐》；13.《又慢曲子·西江月》；14.《又慢曲子》；15.《慢曲子·心事子》；16.《又慢曲子·伊州》；17.《又急曲子》；18.《水鼓子》；19.《急胡相问》；20.《长沙女引》；21.（佚名）；22.《撒金沙》；23.《营富》；24.《伊州》；25.《水鼓子》。其中一些曲名虽有重复，但曲谱内容并不相同。全谱有三种不同笔迹，共录谱字2700多个。这些谱字系汉字之笔画最少者，或减略之笔画，有的类似汉字之部首，或称之为"省文""半字符号"，有一、丨、七、八、匕、几、乙、厶等二十种形态。曲谱除用这些音高符号作为谱字外，还附加有几十种辅助性的汉字或点画类的标记符号。它们可能包括节拍、速度、反复、表情、调式、力度及演奏手法等含义。此曲谱所用符号，仅少数与传世之几种曲谱符号有相同之处，更多的符号尚有待于

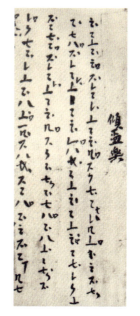 

图 8-3　P.3808 倾杯乐　　　图 8-4　P.3808 又慢曲子·伊州

解释（图8-3、4）。

《敦煌曲谱》是中国迄今所见最早的曲谱，中外音乐史家对该曲谱进行了大量的解译研究，主要有两种见解：一种认为是器乐谱，其中多数学者认为是琵琶曲谱，少数学者认为是筚篥谱；另一种则认为是半字乐谱，系工尺谱之前身。最早研究此谱的是日本学者林谦三，他1937～1969年数次发表论文，认为《敦煌曲谱》为琵琶谱，主要根据为日本现存的一些古谱，记法与此谱有相同之处，后又得到P.3539之"二十谱字"指法表，以为佐证。林谦三于1955年又将曲谱25首全部符号，用他的推算方法译成五线谱，用全音符号记写，没有节拍，因而不成曲调，亦不能演奏，但首次提出了定弦与音高问题。1954年我国学者任二北发表《敦煌曲初探》，提出了"板眼说"，认为《敦煌曲谱》里有"板眼"记号："口"是板，"·"是眼；认为敦煌曲谱应当有流畅、完美、动人的曲调。他的"板眼说"对后来的研究很有启发，但由于任二北先生不是一位专业音乐家，故在译谱方面却不能通。1954年，王重民在所辑《敦煌曲子词集》中，称敦煌曲谱为"工尺谱"。1964年，杨荫浏在《中国古代音乐史稿》中称此谱为"敦煌唐人乐谱"，认为此谱属于工尺谱体系，宋代称"燕乐半字谱"，是当时教坊间通用的记谱符号，很可能就是筚篥上所用的工尺谱。

1981年，叶栋发表《敦煌曲谱研究》，他吸收了林谦三和任二北的一些研究成果，将《敦煌曲谱》译成了带有特定节奏韵律的五线谱，用不同的推算方法，改变了琵琶定弦的音位序列，并参考中国民间音乐，将曲谱加了一些眼号，寻找出拍、眼的规律，使乐曲结构丰富，并用所译之谱，施以配器，使之成为可以演奏、有一定音乐效果的曲谱。但他的推论尚有不够严密之处，译谱也不尽完善准确，有人认为其译出的音乐令人难以接受，曲调"怪异"，节奏"不正常"。不过，对叶栋译谱的质疑、讨论，大大促进了《敦煌曲谱》的研究，中国音乐学界何昌林、陈应时、席臻贯等人，也根据他们各自的理解，译出了曲谱，并录制了音响资料，但学术界对这些译谱也都存有异议。

《敦煌曲谱》虽仅有 25 首，但古奥难识，确实令人有神秘莫测之感，难怪人们要将此谱称为"音乐天书"。

扑朔迷离"胡旋舞"

莫高窟初唐第 220 窟北壁《东方药师经变》下方的乐舞图中，绘乐师共有二十八人分坐两侧，中间有舞伎四人（敦煌经变画中仅此一铺为四人，其余均为独舞或双人舞），舞伎的排列分为左右两组（二人为一组）。东侧即右组二舞伎，上身赤裸，臂有钏，腕有镯，头上戴杂宝花冠，发绺飘散，身饰璎珞，披丈余长巾，穿月白长裙，赤足，各立于一小圆毯子上舞，圆毯直径仅有二尺左右（图 8-5）。西侧即左组二舞伎，男装，戴杂宝头盔，穿锦甲半臂，戴手镯，挂璎珞，身穿棕色荷叶卷边大口裤，绿围腰，蓝花白短裙，手执丈余长巾，赤足，一腿掖后，单足立于

图 8-5　初唐第 220 窟北壁　药师经变东侧　舞伎

小圆毯子上舞。这幅四人舞图，画的都是舞伎的背影。右组左边的舞伎是向左后旋转的舞姿，舞的左颊已可看到；右边的舞伎是向右后旋转的舞姿，舞人右颊已可看到。左组男装二舞伎，单腿立，舞人的长巾环飘，头带高扬，璎珞横飞，辫发散披肩上，旋转动作如疾风电闪，生动地表现出这是一种以快速旋转为主要特征的舞蹈（图8-6）。

图 8-6 初唐第 220 窟北壁 药师经变西侧 舞伎

图 8-7　初唐第 220 窟南壁　西方净土变　舞伎

　　从舞蹈旋转的形态来看，第 220 窟北壁乐舞图左组的一对舞伎，停在"初转"的姿式；右组的舞伎，停在"转半"的位置。应该还有一组舞人成为正面"转回"的位置，才成为一个旋转的全过程。不知是巧合还是画师有意的安排，在同窟的南壁《西方净土变》乐舞图中的二舞伎，各立于一小圆毯子上手执长巾，跨腿单足立，二人相向，面向前而舞，正是旋转动作的第三图"转回"的姿式。虽然这同一窟中的三组舞伎，服饰各异，各自独立，但在旋转的姿态上包含着"动作"的连续性，展示了旋转的全过程，以及旋转的不同动态（图 8-7）。

　　有学者根据这种舞蹈的旋转动作，认为这便是史书中所记载的"胡旋舞"。主要依据的史料是唐代段安节《乐府杂录》载："舞有骨鹿舞、胡旋舞，俱于一小圆毯子上舞，纵横腾踏，两足终不离于毯子上，其妙如此也。"还有《新唐书·礼乐志》记载："胡旋舞，舞者立毯上，旋转如风。"学者认为文中的"毯"字应该是"毯"，即认为舞者是在"一小圆毯子"上舞蹈，故与莫高窟第220窟所绘舞姿正好吻合。与"胡旋舞"有关的史料还有很多，如据唐代杜佑《通典》"康国乐"条载："舞急转如风，俗谓之胡旋。"《新唐书·西域传》载："康国者……开元初，贡……胡旋女子。""米（国）……开元十献璧、舞筵、师子、胡旋女。""俱密（国）者……开元中献胡旋舞女。"《旧唐书·音乐志》载："康国乐，工人皂丝布头巾，绯丝布袍，锦领。舞二人，绯袄，锦领袖，绿绫裆裤，赤皮靴，白裤帑。舞急转如风，俗谓之胡旋。"白居易《胡旋女》诗云："胡旋女，胡旋女。心应弦，手应鼓。弦歌一声双袖举，回雪飘摇转蓬舞。左旋右转不知疲，千匝万周无已时。人间物类无可比，奔车轮缓旋风迟。曲终再拜谢天子，天子为之微启齿。胡旋女，出康居，徒劳东来万里余。中原自有胡旋者，斗妙争能尔不如。天宝季年时欲变，臣妾人人学圜转。中有太真外禄山，二人最道能胡旋。"元稹《胡旋女》诗云："天宝欲末胡欲乱，胡人献女能胡旋。……胡旋之容我能传。蓬断霜根羊角疾，竿戴朱盘火轮炫。骊珠迸珥逐飞星，虹晕轻巾掣流电。潜鲸暗吸笪波海，回风乱舞当空霰。……柔软依身着佩带，裴回绕指同环钏。"

但也有学者认为史书中的"毯"字并非误写，应该就是"球"字，认为史书中记载的是舞者站在球上进行表演，即随着球的转动而旋转，即认为"胡旋舞"是古代的一种踏球表演活动。

虽然莫高窟初唐第220窟中所绘的舞蹈形态不一定是史书中记载的"胡旋舞"，但其优美的舞姿亦令人叹为观止。

反弹琵琶

反弹琵琶，敦煌壁画中的一种舞蹈姿势，敦煌艺术的代表形象之一。莫高窟有十多幅壁画中的乐舞场面都绘有此舞姿。在这些从唐到西夏不同时期的壁画中，舞伎们高髻云鬟，服饰各异，姿态动作千变万化，而背身反弹琵琶则是其中特色最为鲜明、最令人叫绝的舞姿。

如中唐第 112 窟南壁《观无量寿经变》画面下方的舞乐场面中央，一舞伎双手高举琵琶反背在身后，屈身向右，吸右腿，腾踏跳跃，旋卷成一道道圆弧形的飘带，富有动感。舞伎的两侧分别有三身乐伎，正演奏着琵琶、阮、箜篌、拍板、横笛和鸡娄鼓，她们围成一个半圆，目光都注视着中央的舞者，形成一幅和谐的乐舞图。

又如盛唐第 172 窟北壁《观无量寿经变》图中两舞伎在方毯上相对而舞，左舞伎吸左腿出胯，身向右倾，右手伸向背后反弹琵琶，右舞伎张开双手正欲拍打长鼓。

图 8-8　中唐第 112 窟南壁　反弹琵琶

中唐第 231 窟南壁《观无量寿经变》中一舞伎在台上反弹琵琶而舞，左脚着地，右腿抬起，似作左右交替腾踏之姿；两侧各有六人乐队伴奏。晚唐第 156 窟南壁西端的《思益梵天问经变》图中两舞伎在有三角形图案的方毯子上起舞，右舞伎面对观者，双手拍击腰鼓，左舞者侧面背身，右手指反弹曲项琵琶，左脚踏地，右脚向后吸起；两侧各有十人乐队伴奏。

这其中最引人注目的，是中唐第 112 窟南壁《观无量寿经变》中独舞的"反弹琵琶"形象（图 8-8）。

乐器品种和乐队组合

据统计，敦煌壁画中描绘的古代乐器，仅莫高窟就有各种类型的乐器四十四种，四千五百余件，可以分为吹奏乐器、弹拉乐器、打击乐器三类。吹奏乐器中，横管类有横笛、凤笛、异形笛，竖管类有竖笛，哨管类有筚篥，编管类有排箫，簧管类有笙，胴腔类有角、画角、铜角、海螺、埙。弹拉乐器中，弹弦类之颈箱型有琵琶、五弦、葫芦琴、弯琴，板箱型有琴、筝，框箱型有箜篌、凤首箜篌；拉弦类有胡琴。打击乐器中，膜鸣类之蜂腰型有腰鼓、毛员鼓、都昙鼓，直胴型有答腊鼓、羯鼓、节鼓、担鼓、齐鼓、鼗鼓、鸡娄鼓、大鼓、军鼓，扁胴型有手鼓、扁鼓；体鸣类有方响、铙、钹、拍板、钟、锣、串铃、金刚铃。

在敦煌壁画中，仅莫高窟就有大小类型不同的乐队约五百组。除了乐器的配置不雷同，有选择外，其队列安排，也呈现不同图式。画工在构图时，根据不同的窟壁部位、不同的题材内容，安排不同形式的乐队，或为纯器乐表演，或为歌唱及舞蹈伴奏。大体可分三种类型：（1）单身分散型：为早期洞窟特点，常见于天宫伎乐、飞天伎乐，或对称的一二身乐伎演奏图像，给人以独奏、对奏之感（如北凉第275窟伎乐图）。（2）行进队列型：主要特征是站立或行进中的乐队。见于历史人物画、出行图、供养人乐队或文殊普贤经变画中的仪仗乐队。（3）正规的礼佛乐队，基本是缩减了的仿宫廷的隋唐燕乐乐队编制。见于说法图的前沿，中为舞伎，左右两侧对称排列，乐队人数不等，队形多样，基本特征为对称排列，有横排一字形、斜排八字形、混合四方形、三角形、菱形等多种排列形式。仔细观察，排列似无明显规律，但是在表演技巧、演奏方法与乐器的配置上，却也考虑到了音响、音色、音量的选择，以决定布局。

敦煌壁画中乐器的配置，基本上因地制宜，一组乐队，根据不同构图需要，大抵是各选一种乐器，显示花色品种多样、丰富。但是在乐器的选择上也各有侧重，如：有以吹奏乐器为主的，有以弹拨乐器为主的（如盛唐第172窟），亦有以打击乐器为主的（如晚唐第337窟）。在一个乐队中，相类乐器联坐，在音色、音响方面，有所安排，一般还突出拍板、羯鼓的指挥地位（如中唐第112窟）。在表情上和舞伎的谐调关系上，都可以看出画工在掌握音乐内容、风格上，有倾向、有意识地做了安排。

最具代表性的是初唐第220窟北壁《东方药师经变》中的礼佛乐队，人数最多，乐器品种多，乐器绘制精致写实。乐队绘于经变画下部，分两列相对坐于四块地毯上，左边十五人，右边十三人，共绘乐器二十六件，其中弹弦乐器三件，吹奏乐器十件，打击乐器十三件，计有：箜篌、筝、花边阮、筚篥、横笛、竖笛、排箫、笙、拍板、海螺、答腊鼓、羯鼓、腰鼓、锣、方响等。乐队之乐伎上身裸露，斜披锦巾，演奏姿势逼真。全部乐伎分为黑白两种肤色。有的研究者认为此为多民族之混合乐队。两列乐队中间有翩翩起舞的舞伎四人（图8-9、10）。南壁《阿弥陀经变》中也有一组乐队，绘制得也颇精致。乐队十六人两列，左右各八人。乐器有：排箫、

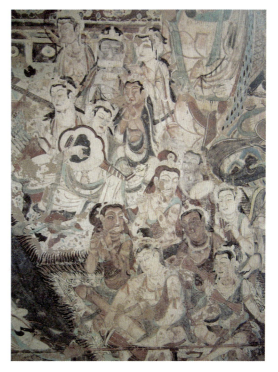

图8-9 初唐第220窟北壁 药师经变西侧 乐队　图8-10 初唐第220窟北壁 药师经变东侧 乐队

图 8-11　初唐第 220 窟南壁　阿弥陀经变东侧　乐队　　图 8-12　初唐第 220 窟南壁　阿弥陀经变西侧　乐队

竖笛、箜篌、方响、琵琶、筝、笙、羯鼓、腰鼓、埙等。两组乐队比较典型地反映了唐代宫廷乐队的面貌（图 8-11、12）。

第九章

经济百态

曲辕犁与三脚耧

敦煌壁画中保存有很多各个时代的农耕图，它们主要出现在《法华经变》和《弥勒净土变》中。表现在画面中的农事活动就有犁耕、播种、耱地、锄草、收割、挑运、打场、拉运归仓等整个农业生产过程。伴随这些农作图出现的农具有犁、耧、耙、耢、锄头、铁锨、镰刀、扁担、尖头杈、木锨、扫帚、簸箕等数十种。这些内容广泛的耕作图，是研究中国古代农业史的珍贵史料。

在莫高窟大量的农耕图中，最值得一提的是盛唐第445窟和宋代第454窟《弥勒经变》农耕图中的曲辕犁与三脚耧。

图9-1　盛唐第445窟北壁　一种七收　曲辕犁　欧阳琳描

在盛唐第445窟北壁的农耕图中，画面上双牛拉曲辕犁，农夫扶犁耕地、下种，还有收割、打场、吃饭休息等场面。收获的粮食成堆，旁有斛斗横陈，厅堂里坐着一位地主或收租的官吏，另有一人跪在面前做禀报状。在这幅图中，最吸引人的是双牛所拉的那架曲辕

图9-1　盛唐第445窟北壁　一种七收　曲辕犁

犁。据学者研究，这是我国现存最早的曲辕犁形象（图9-1）。

曲辕犁，又名江东犁，是唐代长江流域的先进农耕工具之一。较之前代，其木辕改直为曲，缩长为短，转弯、调头方便；辕头安装可转动犁盘，能双向耕作，提高速度；犁上安装犁评和犁箭，可调整犁地深浅，利于不同作物深耕浅犁；犁头安装壁和策，可同时翻地碎土，起亩作垄。此犁操作方便，轻便省力，便于深耕细作，在中国农业史上具有划时代的意义。18世纪，此犁传入欧洲，对欧洲各国犁铧改良有重大影响。晚唐陆龟蒙《耒耜经》，详细记载了曲辕犁的构造和性能，说曲辕犁由11个部件构成："耒耜，农书之言也，民之习通谓之犁。冶金而为之者，曰犁镵，曰犁壁。斫木而为之者，曰犁底，曰压镵，曰策额，曰犁箭，曰犁辕，曰犁梢，曰犁评，曰犁建，曰犁盘。木与金凡十有一事。"然有文无图，敦煌壁画提供了具体形象，第445窟所绘与文献记载基本吻合。《耒耜经》写于9世纪后期，敦煌盛唐第445窟壁画为8世纪，比《耒耜经》早一百年，可见中原先进的耕作技术很早就传到了敦煌。

我国使用的播种工具——耧，大约发明于汉代以前。汉武帝时守成都尉赵过"教民耕殖"，在过去耧的基础上创造了更先进的同时能播种三垄的三脚耧，即耧犁。用三脚耧播种，只用一牛牵耧，一人扶耧。种子盛在耧斗中，边行边摇，种子自行落下，它能同时完成开沟、下种、覆土三道工序。使用耧犁播种省力，行距均匀，深浅一致，出苗整齐。三脚耧的发明使用，是人类播种技术的一大进步。

三国时，敦煌历史上著名的太守皇甫隆进行农业改革，其中有一项主要的农具改革，就是教敦煌农民制作、使用先进的播种工具——耧犁。据古代农书《齐民要术》记载："皇甫隆为敦煌太守，民不晓作耧犁及种，人牛功力既费，而收谷更少。皇甫隆乃教作耧犁，所省庸力过半，得谷加五。"皇甫隆教敦煌农民使用三脚耧，劳动力节省了一半，产量增加了五成。

播种用的耧犁，宋代梅尧臣在《和孙端叟寺丞农具十五首》第三首《耧（耧）种》曾描写道："农人力已勤，要在布嘉种。手持高斗柄，嘴泻三犁垄。"诗人所咏

图 9-2 宋代第 454 窟窟顶东披 一种七收 三脚耧

的就是三脚耧，宋时已广泛使用，但历史记载却无形象资料，而敦煌宋代第 454 窟窟顶东披《弥勒经变》反映"一种七收"的画面中，描绘的正是一个农民用三脚耧进行播种的情景：种子盛在耧斗中，耧斗与空心的耧脚相通，边行边摇，种子落下，形象生动（图 9-2）。该窟窟顶南披也绘有一幅用三脚耧进行播种的情景（图 9-3）。

敦煌壁画三脚耧的出现，充分说明自皇甫隆在敦煌教作三脚耧这种先进的播种工具后，由于它能适应于敦煌地区农作播种的需要，因此能长期保留下来。直到今天，在甘肃省河西及敦煌地区，农民播种小麦等农作物，仍

图 9-3 宋代第 454 窟窟顶南披 三脚耧

在普遍使用三脚耧。敦煌壁画三脚耧是我国宋代播种耧的唯一形象资料，这一珍贵史料的发现，不仅为研究我国宋代耧犁的构造提供了重要依据，同时它还上接汉、唐，下连元、明、清，把我国两千多年来耧犁的发展演变史系统地连接起来，是研究中国农业技术发展史的珍贵资料。

春耕秋获祈愿多

敦煌文献中也记载了当地从春耕到秋收过程中的一些民间习俗，从另一个侧面反映了敦煌当时的农业生产情况。

在每年农耕开始前举行"祭春"：P.4640《衙府纸破历》："己未年（899 年）十二月廿六日祭春用钱财粗纸壹帖（五十张）。""辛酉年（901 年）正月七日立春用钱财粗纸壹帖。"春天来临，春耕在即，在立春的那天行祭春之祀，焚烧纸钱，祈一年的福佑。

"藉田"：这是我国从春秋以来已有的古俗，王侯天子亲自躬耕藉田，以鼓励天下农人努力耕作，反映了我国以农为本的观念，以正月亥日为藉田之日。敦煌亦行藉田之俗，从中唐大和八年（834 年）的具注历日中便明确记载："正月十二日癸亥，始耕。"P.2481《亲藉田》文："林花发杏，爱修载耜之仪。是以翠幕烟舒，效躬耕于千亩。"敦煌的藉田很可能是由当地最高行政长官躬耕，然后百姓开始耕作。

当禾苗生长时要"赛青苗神"：每年四月举行，赛是祈赛之意。P.4640："己未年（899 年）四月九日赛青苗神用钱财纸壹帖。""庚申年四月十六日赛青苗神支粗纸壹帖。""辛酉年四月十三日赛青苗神用钱财粗纸壹帖。"S.1366北宋时期衙府破历："（四月）准旧赛青苗神食十二分，用面三斗六升、油二升四合。"又"赛青苗麨面二斗。"（图9-4）设供品、烧纸钱，祈佑好收成。

如遇到干旱便设坛会，求神祈雨。S.6315 是悬泉乡的信士到莫高窟求雨的斋文："今跪双足、捧金炉、焚宝香、陈我意者，其谁施之？时则有玄（悬）泉诸礼士等，并共启一心，各减家储，就此灵龛，请佛延僧，设斋崇愿意者：属以朱明仲夏，曙

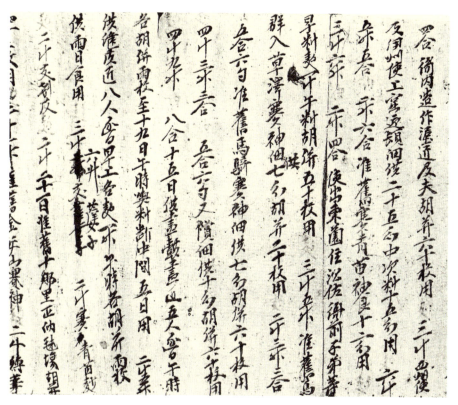

图 9-4　S.1366 写卷

（暑）气炎空，百草无光，稼苗樵（憔）悴，虑恐三春枉力，九秋不登，所以各樽私储，崇兹嘉会。……又持是福，庄严张女郎神、江神、海神、河神等……"（图9-5）张女郎神是秦陇一带民间信仰的雨水之神。另外求雨还可以祈赛祆神，S.0343《敦煌廿咏·安城祆咏》："更看零祭处，朝夕酒如绳。"零祭是我国自古以来祈雨的祭祀，在祆祠中礼拜求雨，沥酒不断，可见香火之盛。敦煌当地还有都河玉女娘子神，其祭文云："邦君伏愿小娘子炎光扫殄，春色霞鳞。都河石堰，一修永全；平磨水道，提坊（堤防）峻坚。俾五稼时稔，百姓丰年；天沐高（膏）雨，地涌甘泉。黄金白玉，报赛神前。"

获得丰收后，满怀喜悦的农民先要报赛神佛，以答谢护佑之德。P.2044愿文："伏为今年之内，甘雨应时，夏麦将熟，秋稼有望。纵有狂风暴雨，藤（腾）过诸方；

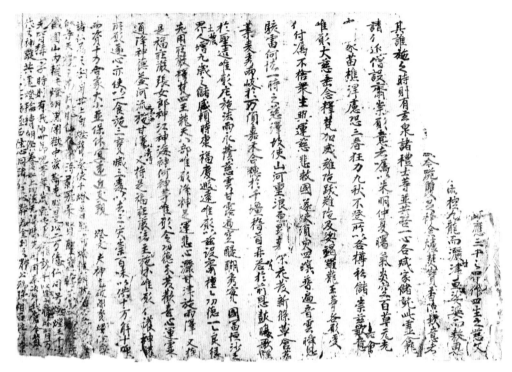

图 9-5　S.6315 写卷

走电飞雷，祚应龙神之意。且见芳苗万倾（顷），遥观似锦；稼穑千垅，恰如化出。故知大歉之后，的遇丰年。国添十载之粮，家贮五年之粟。"

发达的畜牧业

由于历史的传统和少数民族的生活习惯，敦煌的畜牧业相当发达，其役畜以马、驼、牛为主，肉畜以羊为主，牛、羊还用于供给乳品。从衙府到各寺院均拥有牧群及专职的牧人，如初唐设马坊、盛唐有马社、晚唐五代有马院。据 P.2484《戊辰年十月十八日就东园算会群牧驼马牛羊现行籍》记载，968 年归义军衙府拥有马两群，各有一知马官，共 325 匹；驼两群，各有一知驼官，共 73 匹；牛三群，各有一牧牛人，大小共计 178 头；羊据不完全统计有 17 群，各有一牧羊人，大小共计 4378 只。役畜供骑兵、日常交通运输、耕作之用；肉食对当地人来说是相当重要的，整个漫长的冬季地里无法生长蔬菜，靠肉食维持生活，寺院的僧人也可以吃肉。敦煌壁画《楞伽经变》中有肉户、猎户的画面，晚唐第85窟中所绘的肉铺颇具规模，内外两间悬挂、摆放着各种肉品（图9-6）。

马匹、骆驼、羊在当地实际生活中尤为重要，多通过祈赛护佑其生长。敦煌每年仲春举行一次马群的赛神，S.3728乙卯年（955年）二月《柴场司判凭》："伏以今月二十三日马群赛神，付设司柽刺叁束；二十四日……马院看工匠，付设司柴壹束。"柽刺是一种当地的野草，可作燃料，马群赛神需用柽刺和柴。

初夏草生，这时驼马将进入草泽放牧，又进行一次赛神活动。敦研001《酒帐》："（四月）二十二日马群入泽神酒壹角（15升）。"S.1366《油面历》："准旧马群入草泽赛神细供柒分、胡饼贰拾枚。"这是一年伊始的放牧，祈神护佑在野外的驼马群。以后在放牧的过程中也不断赛神，P.4640"己未年五月十五日赛驼马神用画纸

图9-6 晚唐第85窟窟顶东披 楞伽经变·肉铺

肆拾张""庚申年五月十四日赛驼马神用钱财粗纸壹帖"。特别是六月赛马神活动，P.2641"（六月）七日使出赛马神，设用细供叁百伍拾壹分，胡饼、𫗴𫗦壹百柒拾贰枚，又胡饼壹千叁枚。"此次赛马神共用面拾贰硕伍斗肆升肆合，为当时 600 多人一天的食粮。六月赛神特别隆重，节度使直接参与，人员也就最多，供品丰盛，反映了对马匹的重视。到了秋季驼马不再放牧，还厩圈养，这时进行一次赛神，祝愿其安全过冬。P.2629："马院发愿酒壹斗，赛神酒伍斗。"

对牲畜的饲养当时已经实行分栏制，在一个大的饲养场内，中间分割成若干小栏，按不同种群、不同头数分别饲养。分栏饲养可以减少畜群之间的争斗损伤，避免拥挤，通风和卫生条件也较好，料草也可各归其所，这是一种比较先进的饲养方法。莫高窟五代第 61 窟西壁所绘"牲畜饲养图"中，在一个大圈栏内有六个小圈栏，各圈分别饲养不同的种群，如马圈、牛圈（图 9-7）。

五代第 108 窟南壁《法华经变》"穷子喻"中有一幅马坊图，画面中一少年手

图 9-7　五代第 61 窟西壁　牲畜饲养图

执铲子正在马坊内清除粪便，说明当时的马群已有专人负责看管、喂养及打扫卫生，反映了畜牧业管理的规范程度（图9-8）。

由于畜牧业在敦煌的重要，加以游牧民族的习俗，对死亡的大牲畜还为其举办佛事斋会。S.5637《释门应

图9-8　五代第108窟南壁　马坊图

用文·马》："厥今坐前斋主捧炉启愿，所申意者，奉为骏马日久，今已云亡，设斋祈愿诸福会也……既而代劳以速，便生念惜之情，怆悼逾深，遂发坛那之会。故于是日，以建斋筵，列馔焚香，用资幽路。以斯设斋功德、无限胜因，总用庄严亡马转识，惟愿永离三途，长辞八难。"《释门应用文·牛》："厥今坐前斋主捧炉启愿，所申意者，伏惟措大收养之畜，用以代劳，近有一牛遇病殒殁之福会也。……故以农功虽毕，肇牵之路阙如；物化已彰，河汉之涯沉影。所以设斋轸悼，愿托人形，功德备修，转生天道云云"。对亡畜的设斋一方面是在长期劳动接触过程中，主人与家畜之间已建立了一定的感情，家畜的死亡使主人悲伤难过。另一方面是佛教的六道轮回观念，希望借助斋会之功德，使亡畜超生人天之道。

冶炼制陶酿酒业

冶炼，即铸铁锻造。手工业的发展必须有铸铁锻造业的配合，唐五代时期的敦煌有写匠、铁匠。写匠即铸匠，《集韵》注："写，范金也，即铸炼。"P.3165《食物帐》："（粟）三斗看写匠用。"P.2629《酒帐》："（八月）十七日，支写匠酒半瓮""（十月）四日，支写匠酒壹瓮"。看望写匠、以酒招待写匠，这是对写匠的尊重。P.2032v："麦叁硕贰斗、粟壹硕伍斗，于写匠田盈子边卖（买）铁古路釜子用。"

写匠铸炼出铁锅及生产、生活用具，供应群众所需。

锻铁者称铁匠，榆林窟西夏第3窟《千手千眼观音变》中，左右对称绘了两幅内容相同的《锻铁图》，图中两名铁匠抡大锤在铁砧上锻打器物，侧旁有一高大的竖式梯形双扇木风扇，后面有一人操作，通过拉杆的推动不断鼓风，风吹炉火熊熊燃烧，这是我国现存最早的风扇锻铁图（图9-9）。另外，敦煌文献 P.2641 记载："铁匠史奴奴等贰拾人，早上馎饦，午时各胡饼叁枚。"铁匠的劳动强度较大，所以午间的胡饼供应由两枚增至三枚。对铁匠的劳动还给予一定的报酬，P.4640v 记载："支与（铁匠）索海全细布壹匹。"P.2032v 记载："粟壹硕陆斗，铁匠史都料手工用。"这都是衙府账目，可见当时衙府内设有铁匠工场。

制陶，在敦煌中唐第236窟、晚唐第9窟、85窟、156窟及五代第61窟、宋代第55窟等洞窟的壁画《楞伽经变》中，都绘有制陶的画面。如五代第61窟中一

图9-9　榆林窟西夏第3窟　锻铁

图 9-10　五代第 61 窟南壁　制陶

陶匠赤裸上身坐在地上，左手扶陶罐身，右手拿一小锥状物做打磨状，其坐下是特制的坐垫，右前方有一堆陶土（图 9-10）。又如宋代第 454 窟的陶匠正在树下紧张地劳作，其身下是木圆轮，右前方摆放着已成型的各种器皿，左侧是制陶的泥土，不远处是陶匠的妻子和孩子，画面安乐、祥和，反映了以家庭为单位的手工业生产状况，也反映了当时敦煌地区的制陶水平（图 9-11）。画面中制陶师用的是轮制法，地上置一圆轮，上放陶坯，用脚来操纵圆轮的转动，在旋转中以手工使器物成型。轮制法是中古时期制陶工艺较先进的方法，造出的陶器壁厚均匀，保证了制陶的质量。又，S.4703 记载："瓮匠索万兴壹步。"瓮匠即制造盆盆罐罐等日用陶器的匠人。

　　酿酒，榆林窟西夏第 3 窟《千手千眼观音变》中，左右对称地绘有两幅"酿酒图"，画面中央画一锅台，上安放一套层叠覆压的方形器皿，一妇女于灶前执柴烧火，炉膛内火焰熊熊，其侧放有一把陶质酒壶。另一妇女站在方形器皿前，一手扶锅台，一手持杯，似在品尝；在其侧的角落，还绘有盛酒的木桶和碗，富有浓郁的

图9-11 宋代第454窟南壁 制陶

生活气息（图9-12）。传世的酿酒图很少，封建时代家庭妇女酿酒写实图更为罕见，因此这幅酿酒图很早就引起了国内外科技史学家的重视。1959年，著名中国古代科技史专家李约瑟博士和何丙郁教授在《中世纪早期中国炼丹家的实验设备》一文中就考证这幅"酿酒图"中的方形器皿为烧酒蒸馏器，我国的科技史家也都支持这种说法，并对此装置进行详细考证。由此可见，榆林窟第3

图9-12 榆林窟西夏第3窟 酿酒

窟"酿酒图"采用了蒸馏技术，在酒锅上有一套方形套叠的蒸馏设备，从而大大提高了酒的浓度，得到较为纯净的酒，即烧酒，这是一套先进的酿酒技术。另外值得注意的是，酿酒的司炉是女性。

敦煌的酿酒在魏晋时已颇负盛名，《魏书·胡叟传》："叟少孤，每言及父母，则泪下，若孺子之号。春秋当祭之前，则先求旨酒美膳，……时敦煌汜潜，家善酿酒，每节，送一壶与叟。……论者以潜为君子矣。"敦煌盛行喝酒，所以酿酒业也相应兴盛，高档的是麦酒，普通的是粟酒，还有葡萄酒。有酿酒的专业户，酒户既酿酒又售酒，依其所属的不同，分官酒户和众多的私人酒户。官酒户由衙府提供酒本，即酿酒所需的原料、器材，负责保证衙府酒的供应。官酒户归衙府酒司管辖，私人酒户为个体户，面向社会，多以姓氏为名，如汜家店、赵家店、马家店等。

纺织皮革造纸笔

纺织印染业。敦煌主要的纺织原料是棉花、麻、蚕丝和羊毛，有蚕坊和桑匠，吐蕃时期设有丝棉部落。棉花织成布，有染布匠。如 P.2040v 载："粟柒斗壹胜卧酒及古（沽），供……染布匠等用。"蚕丝织成绢、絁、练等，在唐代各地自织绫绢是很普遍的，敦煌当地的丧葬"纳赠历"中，也以生绢、各种色绢、绵绫、帛练为主，如 S.2472v 文书所载。1965 年在莫高窟第 130 窟窟内和第 122、123 窟窟前两处遗址，分别出土了绢幡 2 件、染缬绢幡 9 件、纹绮 9 件，还有锦幡、缀花绢幡及各色绢幡。施主也是普通百姓，可见绢帛确为敦煌百姓普遍使用的丝织物，也是本土所产，百姓才能广泛使用。

羊毛可以织成褐和氆氇，还可以擀成毡，敦煌有"褐袋匠"（P.2629）、"毡匠"（S.0542）。又如 P.2032v 载："毡胎博士及僧寺解斋斋时用，粗面壹斗卧酒时及染毡胎支两件人食用。"博士在归义军时期是指具有较高技术，并能出色完成本行业的工作者。

莫高窟晚唐第 196 窟北壁《华严经变》绘了一架构图简单的织机（图 9-13）；

五代第98窟北壁《华严经变》中绘了一架脚踏立式织机和一辆纺车（图9-14、15），第6窟北壁《华严经变》中绘了一辆纺车（图9-16）。两个洞窟中所绘的纺车在形状上大体相似，绘有车架、绳轮和装纺锭的锭盘，轮轴上有手摇曲柄。据学者研究，这种纺车属于多繀纺车范畴，即我国元代以前使用的三繀或两繀纺车。另外，在元代第465窟北壁绘有一幅"捻线图"（图9-17），南壁绘有一幅"织布图"。这些生动的形象资料也是当时敦煌纺织业的真实反映。

皮革业。包括皮子的加工制作。据敦研001《酒帐》记载：六月"三日酿羊皮酒叁斗伍升""十四日酿牛皮酒壹斗，酿羔子皮酒壹瓮壹角""酿貉子皮酒贰斗"。酿即鞣制，将生皮制成柔韧之熟皮，称"鞣皮匠"，如S.6452载："（二月）廿日，面壹斗，鞣皮匠幸者用。"然后就可以分别制成帽子，如S.1366载："支帽子匠六人，

图9-13　晚唐第196窟北壁　织机

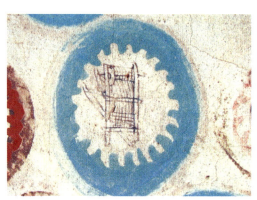

图9-14　五代第98窟北壁　脚踏立式织机

图9-15　五代第98窟北壁　纺车

图9-16　五代第6窟北壁　纺车

图 9-17　元代第 465 窟北壁　捻线图

早上各面壹升，午时各胡饼两枚。"制衣服，如 S.5039 载："麦壹斗，龙兴寺官缝裘人午食用。"制鞋靴，如 P.4640v 载："己未年四月三日，支与靴匠安阿丹助葬粗纸壹帖。"P.4518《色绘地藏菩萨像》题记："清信佛弟子缝鞋靴匠索章三一心供养。"

　　造纸业。完全是手工操作，先把麻沤烂，然后用木槌打成纸浆，以筛网滤出，干后便成一张张的纸。如 P.4525bv 中对纸匠作了描绘："打纸阿师木槌高""偷那纸皮，每长欲盗，日常掉槌，打纸安师"（图 9-18）。敦煌以造粗纸为主，细纸需外来供应，所以日常对纸张的使用支出比较严谨，哪怕一张两张纸也得登记审核，就

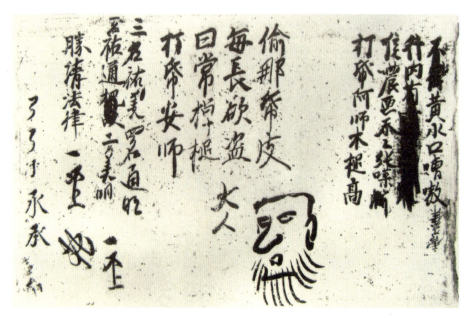

图 9-18　P.4525bv　杂写

图 9-19　P.4525bv　王法律等领纸历

在同一卷中记载："□法律纸三张、何保经纸三张、显（显德寺）王法律一张、金□员三张、保进两张、乘（大乘寺）张僧正两张。"（图 9-19）又，莫高窟晚唐第 196 窟供养人题名："故父纸匠都料何员住一心供养。"这是在衙府供职的纸匠。其造纸原料也由衙府供应，P.4640 载："（四月）十四日，支与纸匠造洗麻襆粗布壹匹。"

造笔。敦煌书写用笔有两种，一为硬笔，另一为毛笔。硬笔是用骨、木、竹作原料，削磨出笔尖，然后蘸墨书写。敦煌文献中保存有多种 8 ~ 9 世纪汉文硬笔书法卷子，以及少数民族文字的硬笔书法卷子。敦煌的硬笔之使用除了历史发展的因素外，主要受吐蕃文化的影响，中唐吐蕃时期为敦煌使用硬笔的盛行之际，归义军以后便趋向式微。

毛笔以羊、狼、兔之毛作原料，敦煌本土可以制作，如 S.3875 记载："若人造笔先看头，腰粗尾细似箭簇（镞）。清泰三年（936 年）丙申岁十一月十一日，新造笔一管，写此本。"衙府有专人造笔，负责向官方交纳，S.4411《樊崇圣纳笔帐》载："四月二十九日纳笔肆拾管。又五月卅日纳笔肆拾管。又六月十六日纳笔叁拾管，六月廿日纳笔玖管，又六月二十三日纳[笔]陆拾管，又廿伍日纳笔壹拾伍管，廿九日纳笔柒管。七月七日纳笔贰拾管，七月十五日纳笔玖管，七月廿一日纳笔肆拾管，又廿一日纳笔伍管。又八月廿四日纳笔叁拾伍管。九月廿六日纳笔肆管。十一月三日纳笔肆管。计纳贰百陆拾捌管。"总数与账目不符，纳笔共计 318 管，不知是记账的错误还是总数有误，但基本上反映了一年向衙府纳笔的概况。

活门式木风箱

在榆林窟西夏第 3 窟《千手千眼观音经变》壁画中，左右对称描绘了两幅"锻铁图"。画面分为锻铁、鼓风两部分。锻铁者二人，一人握钳夹铁，手执小锤，一人双手举大锤，作锻铁状；鼓风部分画有双扇门的立式梯形风扇，扇上有杆状拉手，鼓风者坐于墩上，足抵风扇，两手各握一扇门拉手，一推一拉，进行鼓风。风吹炉火熊熊燃烧，火焰冲出了炉门（图 9-20）。

虽然这两幅画绘于西夏，但根据画中三人所穿的南宋服饰，所绘风扇应是宋代当时的鼓风设备。这幅锻铁图曾引起学者们的浓厚兴趣，便是图中的那台竖式梯形双扇门木风扇。这种鼓风用的木风扇上装有两个活动的长方形盖板，每个箱盖板上装有一根推拉杆，鼓风者左右两手各执一根推拉杆，一推一拉，利用盖板的开闭，便可鼓起风来，将风源源不断地吹入炉内。据有关研究，我国利用这种冶铁炉上鼓风用的木风扇的时间很早，至晚在北宋时期就有了，但遗留下来的资料很少。据考古和文献记载，其他地区所发现的均为单扇，唯敦煌壁画中为双扇。这种双扇活门能交替开闭鼓风，使风量、风压均匀，连续不断，这在宋代当属先进，并且流传到

图 9-20　榆林窟西夏第 3 窟　活门式木风箱

了边远的西夏瓜、沙地区。

　　中国早在战国时代，就发明采用人力压动的皮风囊鼓风使冶炼时的温度大大增高，提高了冶铁的质量和效率。到了汉代，出现了以马、牛等畜力带动的皮风囊"马排""牛排"。特别是到了东汉初年，南阳太守杜诗又创造了水力鼓风囊——"水排"。这比欧洲利用水力鼓风要早 1200 多年，是个很大的进步。到了宋代，发明了活门式木风扇，取代了皮风囊。木风扇不像皮风囊那样受皮革大小的限制，可以做得很大，而且牢固、耐用、操作方便，使风量风压都有显著提高。榆林窟西夏第 3 窟锻铁图中的鼓风工具即是这种先进的活门式木风扇，它同时也反映了当时西夏的锻铁技术已经相当发达。

　　人类早期，通常是在较低温度（摄氏 800～1000 度）下，用木炭还原铁矿石得到块练铁的。这种铁是含夹杂物较多的海绵状的固体块，含碳量低，质地软，只能锻，不能铸，很难用来铸造形状比较复杂的器物。生铁是在1150～1300℃的高温下冶炼出来的，出炉时呈液态流出，可以浇铸成形。它的含碳量一般超过2%，质地脆硬，夹杂物较少，适合铸造农具和其他工具。从块练铁到生铁，这是冶铁技术史上的一个重大突破。我国之所以在铁器时代的早期就能炼出生铁，以及后来发明生铁柔化术、炼钢法等，首先是因为我国在世界上最早采用高炉冶铁，而高炉冶铁技术的发展，是以鼓风的加强，炉型的扩大，燃料和溶剂的改进为标志的。尤其以鼓风最为重要，因为铁的熔点远比青铜高，如果没有鼓风工具，铁矿石就无法熔化，炼不出铁来。由此可以看到榆林窟西夏第3窟锻铁图中所绘活门式木风扇的重要意义。

到了明代，在活门式木风扇的基础上发明了活塞式木风扇。活塞式木风扇能产生连续的压缩空气，更加提高了风压和风量，强化了冶炼。鼓风技术的不断改进，为冶铁燃料由煤取代木炭创造了条件，煤的资源相对丰富，取用方便，成本低廉，反过来又刺激了大规模的冶铁生产。鼓风工具的发明和不断改进，在人类冶炼史上有划时代的意义。为此著名中国科技史专家李约瑟博士在他的巨著《中国科技史》一书中，特别介绍了榆林窟的这幅锻铁图，他在《中国在铸铁冶炼方面的领先地位》一文中指出："中国从未用过楔形鼓风器，而经常是使用长方形的风扇，这类风扇首先见于10或11世纪西夏榆林窟壁画。"

粮食加工有磨碓

只有将麦粟等颗粒类粮食去皮、压碎、磨成粉，才有可能制成各种可口的面食。粮食加工以后再食用是人类社会的文明标志之一，加工工具是人类从去壳去皮粒食阶段向面食过渡的必要手段。

敦煌壁画中，描绘有不少粮食加工所用的工具，其中主要有石磨和踏碓。如初唐第321窟南壁《宝雨经变》中绘有母女俩正在使用手推磨：母亲正用右手推动磨

图9-21　初唐第321窟南壁　宝雨经变·手推磨

子上的曲柄摇手，左手往磨子中间加添需要磨细的粮食；女孩用左手前伸拉曲柄摇手协助推磨，右手前伸扶在磨盘旁。其形象与现代家庭使用小石磨的姿态、动作几乎完全相同（图9-21）。

曲柄摇手就是在上面一扇石磨的边上固定一个与磨面成直角的棒棍，用这个棒棍作为把手转动磨盘。曲柄摇手应用机械原理，减轻了劳动强度，它是中国古代劳动人民的一项重要发明。而在衙府、豪门和寺院则使用科技含量更高的水力碾硙，即轮硙和水硙。如S.5937《庚子年十二月廿二日都师愿通沿常住破历》载："七月五日，麸两石，雇硙面车牛用。"S.4642v载："面陆硕叁斗，拽硙用。"P.3500记载："□中现有十硙水，潺潺流溢满□渠。"S.3873《唐咸通某年索洪拾施水硙园田等人报恩寺请求判凭状》载："……上代水硙三所员田家……两所水硙，园田家客施人……其硙是时被殿下……"

根据敦煌文献分析，敦煌还有专门从事粮食加工的专业户，称作"硙户"，即磨坊主，具体干活的人员叫作"硙头"，而从事修理"硙"的人称为"硙博士"。如S.286《某寺麦粟油麻等入历》记载有"硙户"张富昌、何员昌、石盈昌等；S.5039《诸色斛斗破用历》记载："麦贰斗，买胡饼硙头僧吃用。"P.4906《某寺诸色破用历》记载："白面壹斗，油两合，修硙槽夜料看博士用。"在莫高窟元代第465窟藏传佛教壁画中，还绘有藏族石匠正在凿制石磨的画面。说明当时这种粮食加工技术在我国少数民族中也被使用，藏族的青稞面就是用石磨磨成的。

五代第61窟西壁《五台山图》中在一处叫作"灵口之店"的房屋前，有一土石类圆台，上面有一白色的布袋物，其上横压着一根长杠子；圆台两侧分别有一个壮年男子，各用手紧握长杠子的一端，相向用力，其中一人将杠子抬在肩头（图9-22）。有不少学者将这幅图谓做"推磨图"，但也有学者认为是"压面图"。根据圆台顶部所放物品为布袋状而非颗粒类粮食状，杠子是横压在上面而非穿过磨盘，两人所站立的用力方向是顺时针而非逆时针，这幅图应该是"压面图"。同时，不管这幅图表现的是什么内容，表现的是粮食加工过程及其工具则是毫无疑问。

敦煌壁画中有几幅踏碓图描绘的非常形象生动，如五代第61窟西壁《五台山图》中的踏碓图，房屋前有两人舂米，一人伏身碓架，双手扶住把手，用脚踏碓，另一人添加谷物，杆板放置在支撑石座的中间槽内（图9-23）。

榆林窟西夏第3窟东壁《千手眼观音经变》画面的左右两边上侧，对称地绘有两幅相同的踏碓图，画面上一人伏身碓架，双手扶住把手，一足着地，一足踏杆板。旁边放有簸箕等用具（图9-24）。

元代第465窟南壁也有一幅踏碓图，绘一人伏身碓架，双手扶住把手，右足着地，左足踏杠杆，正在尽

图 9-22　五代第 61 窟西壁　五台山图·压面

图 9-23　五代第 61 窟西壁　五台山图·踏碓

图 9-24　榆林窟西夏第 3 窟　千手眼观音经变·踏碓图

力劳作。踏碓扶手架下面置一支撑杆板的横木。另一人屈膝跪地，上身前倾，做簸米状（图9-25）。该画面旁侧有用纸写的藏汉文对照墨书题记："踏碓师"。

图 9-25　元代第 465 窟南壁　踏碓图

通过敦煌壁画中三幅不同时代的踏碓图可以看出，谷物加工工具是逐步改进趋于完善的。虽然我国汉代已经改变以前双臂举动的杵臼，而广泛使用足踏碓，但当时踏碓的杠杆较长，操作者必须立于特制的高台上借用身体的力量进行踏碓。唐宋时期普遍使用的足踏碓比汉代有所改进，优点在于把圆形杠杆改为杠板，并适当缩短，扶手架也适宜于人站立操作，足踏起来平稳和较为舒适。敦煌壁画的三幅踏碓图就是这种形象，但三

者之间也不尽相同。五代第 61 窟的杠板放置在支撑石座的中间槽内，元代第 465
窟的是在扶手下面置一支撑杠板的横木，西夏第 3 窟的是把竖立的支撑石座和木柱
改变成能自由活动的轴木。这样，当操作者踩踏杆板时，轴木随着横板灵活转动，
从而提高舂米效率。

另外，敦煌文献中记载的加工工具还有压榨油的"油梁"，如 S.1947v《唐咸通
四年癸未岁敦煌所管十六寺和三所禅窟以及抄录再成毡数目》记载："东河水碨一
轮，油梁一所。"还有簸粮食用的簸箕，如 P.2776 记载："面一斗，淘麦不干，第二
日扬簸女人及沙弥等用。……麸叁斗，买簸箕用。"敦煌壁画中，有不少农妇双手端
着簸箕扬粮食的画面，如五代第 61 窟南壁《弥勒经变》中，有男女二人正在扬场，
左侧农妇站在凳子上，双手端簸箕，当风扬场；右侧农夫双手持长柄扫帚在将粮食
扫成一堆（图 9-26）。

图 9-26　五代第 61 窟南壁　弥勒经变·扬场

印度制糖法的传入

在敦煌藏经洞出土文献中，P.3303 是一份有关印度制糖法传入中国的文书残卷（图 9-27），现将全文抄录如下：

西方五印度出三般甘蔗：一般苗长八尺，造沙唐（糖）多不妙；第二，校（？）一二尺矩（？），造好沙唐（糖）及造最上煞割麦令；第三般亦好。初造之时，取甘蔗茎，弃却梢叶，五寸截断，着大木臼，牛拽，椄出汁，于瓮中承取，将于十五个铛中煎。旋写（泻）一铛，着筋，质（置）小（少）许。冷定，打。若断者，熟也，便成沙唐（糖）。不折，不熟，又煎。若造煞割令，却于铛中煎了，于竹甑内盛之。禄（漉）水下闭（闩）门满十五日开却，着瓮承取水，竹甑内煞割令禄（漉）干后，手遂一处，亦散去，日煞割令。其下来水，造酒也。其甘蔗苗茎似沙州、高昌糜，无子。取茎一尺，截埋于犁垅便生。其种甘蔗时，用十二目（日？）。

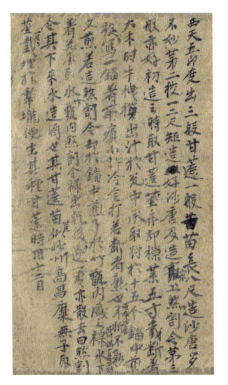

图 9-27　P.3303 印度制糖法的记录

残卷对造砂糖法讲得很详细：把甘蔗茎拿来，去掉梢和叶，截成五寸长，放在大木臼中，用牛拽（磨石压榨），椄出汁液，注入瓮中。然后用十五个铛来煮炼，再泻于一个铛中，放上竹筷子（？），再加上点灰（？）冷却后，就敲打，若能打断，就算熟了，这就是沙（砂）糖，否则再炼。

印度制糖法很注意对甘蔗品种的选择，按照他们的经验，苗长八尺者不适合熬糖，而矮杆六七尺者是造沙糖和石蜜的最佳原材料。而中国唐代以前的制糖业，按陶弘景的记载，以广州为例，是以"斩而食之"的甘蔗作为熬糖的原料，它如大竹，竟长丈余。显然，后来我国就参考学习了印度的经验，注意了不同品种甘蔗的属性。在明万历十三年（1585 年）王世懋所撰的《闽部疏》中便有明确说明："蔗有三种，饴蔗节疏而短小；食蔗节密而长大。"《天工开物》中也说："凡甘蔗有二种，产繁闽广间，似竹而大者为果蔗，截断生啖，取汁适口，不可以造糖；似荻而小者为糖蔗，白霜、红砂皆从此出。"荻蔗可能原产于印度。残卷中所说"着筋"，即当搁置糖汁令其析出结晶的时候，往蔗汁中插入竹筷，则无疑有利于沙糖晶核的形成和结晶的成长。季羡林先生对此有深入的研究，并参考了后世的《天工开物》和《物理小识》，把敦煌残卷中的"质小许"一句勘正为"置少许灰"，这是有道理的。灰应是"草木灰"，据《马可·波罗游记》的记载，西亚巴伦比人正是这样做的。根据现代的科学制糖原理可知，这一措施对沙糖的结晶质量和产出率至关重要。因为草木灰中含有大量碳酸钾，是一种碱，它可以中和蔗糖中的游离酸，对于制糖法是一个极大的改进。

我国唐代用蔗浆制糖的技术虽然已经有了一定的基础，但是与当时的印度制糖术相比，还是有一定的差距。因此，唐王朝便通过各种方式向印度学习制糖技术。如贞观十九年（645 年）正月二十四日唐玄奘自印度取经回来，并向太宗"诸国异物"。他在《大唐西域记·印度总论》中谈到那里的物产时说："至于乳、酪、膏、酥、沙糖、石蜜……常所膳也。"因此他带回来的各国物产中，可能也包括沙糖、石蜜。其后不久，西域及天竺（古印度）诸国又纷纷遣使来到中国，向唐王朝赠送了他们的土特产，介绍了相应的技术，其中"熬糖法"得到了唐太宗的赞赏，于是有了遣使赴印度学习熬糖法之举。据《新唐书》记载："摩揭它，一曰摩伽陀，本中印度属国。……贞观二十一年始遣使者自通于天子，献波罗树，树类白杨。太宗遣使取熬糖法，即诏扬州上诸蔗，榨汁如其剂，色味愈西域甚远。"敦煌残卷 P.3303 写本，便是一份当时中国学习印度先进制糖技术的真实记载。

残卷中还提到"沙州、高昌"，将印度的制糖技术与本地情况进行比较，反映了古代敦煌人在学习外来先进技术时，并非教条照搬，而是尊重客观实际，灵活参考为己所用。

提系杆秤与天平

商业贸易中，如何衡量物体的轻重非常重要，否则就难以进行公平合理的商品交换。在古代，衡量物体轻重的工具叫作"权衡"，秤杆叫衡，砝码或秤砣叫权，成语"权衡利弊"即由此衍化而来。早在春秋战国时期，我国便出现天平，战国时

图 9-28 北凉第 275 窟北壁 尸毗王本生 提系杆秤

图 9-29 北魏第 254 窟北壁 尸毗王本生 提系杆秤

期的《墨子·经下说》云："衡：加重于其一旁，必捶。权重相若也相衡，则本短标长。两加焉，重相若，则标必下，标得权也。"已提出了不等臂秤的力学原理。出土的楚国宫廷用的"王"铜衡，在等臂的铜杆上有等距刻线，便于在两臂不同的部位分别悬挂权和重物。这说明在两千多年前，我国已利用杠杆原理制造出称重用的衡秤。到了三国时期，衡秤的提纽渐渐从中间移至一端，并在衡杆上刻斤两数，形成提系杆秤的雏形。

敦煌壁画为我们保存了一些当时的衡器形象资料，其中提系杆秤主要描绘在早期的《尸毗王割肉贸鸽》故事画中，天平主要描绘在唐五代时期的《楞伽经变》等壁画中。如北凉第275窟北壁和北魏第254窟北壁中，均绘有提系杆秤，掌秤人或一手提秤，或双手挽秤；秤的两边均各垂一秤盘，一盘中放着鸽子，另一盘中坐着尸毗王（图9-28、29）。有专家在论述战国时期的楚国不等臂秤"王"铜衡时，对莫高窟北魏第254窟北壁尸毗王故事画中的杆秤作了考证，认为这幅画中"掌衡者使用秤杆的形象，所画杆秤的单系提纽几乎在衡杆中央，作为秤盘的篮子悬挂在重臂上离臂端较远，离衡杆中央较近的位置，依然可见'王'铜衡的遗风"。

在晚唐第85窟窟顶东披《楞伽经变》尸毗王故事画中，绘有一座天平，画面中一支架中央悬挂一天平衡杆，横杆两端吊秤盘，一盘内盛着鸽子，另一盘内盛着四块肉；秤的上方横杆上立着一鹰，正眈眈注视着秤盘内的肉；天平旁站立掌秤人，正在注视天平的平衡状况（图9-30）。五代第61窟南壁《楞伽经变》尸毗王故事画中也绘有类似的图像（图9-31）。而在晚唐第156窟窟顶东披《楞伽经变》尸毗王故事画中，绘的则是提系杆秤，这说明唐时天平、杆秤已同时

图9-30　晚唐第85窟窟顶东披《楞伽经变》　天平

图9-31　五代第61窟南壁《楞伽经变》　天平

图 9-32　五代第 61 窟北壁　天秤宫

并存。

五代第 61 窟甬道南、北壁《炽盛光佛陀罗尼经变》中，绘"黄道十二宫"，其中天秤宫画了一杆平衡静置的秤，天平衡杆两头下垂秤盘，三足座架上的竖杆固定在衡杆中央（图 9-32）。这种形象和新疆吐鲁番出土的唐代星占图写本残卷中的"天秤宫"相似，类似的"天秤宫"形象还见于河北张家口宣化区辽代天庆六年（1116 年）墓发现的彩绘星图。

没有衡器难以知轻重，敦煌壁画中所绘制的提系杆秤和天平图像，是当时商品交换的重要工具，从一个侧面反映了当时敦煌地区繁荣的商业贸易状况，同时也是研究我国度量衡发展史的重要图像资料。

有韵有味的商业"广告"

唐五代时期，敦煌就已有市井叫卖口号流行，如藏经洞出土 P.3644 文书是一件五代后唐同光年间（923～926 年）的学童习字杂抄，其中有店铺招徕叫卖的诗歌两首（图 9-33）。其一曰：

厶乙铺上新铺货，要者相问不须过。交关市易任平章，买物之人但且坐。

这首广告诗是为店铺经营者招徕顾客而编写的韵语口号，宣传本铺有新到货品，需要者切莫错失良机，价格可以商量，买主请到铺里坐下来谈。开头"厶乙铺上新铺货"的"厶乙"，即为代词"某乙"，或曰"某某"，按照今天的写作习惯可以写作"××铺上新铺货"。"××"可以根据不同的店名铺号换成特指的实词，如"张家铺上""李家铺上""兴隆铺上""茂发铺上"，也可以换成"香药铺上""衣帽

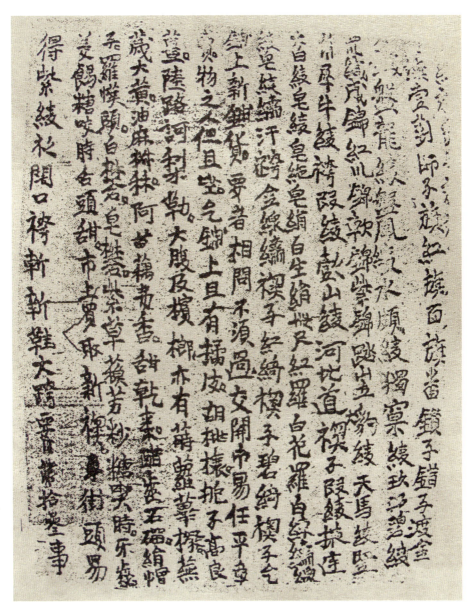

图 9-33　P.3644 学童习字杂抄

铺上"。这是一首可供各类商店套用的招徕口号。由此使人们可以想见唐五代时期
敦煌店铺林立，市井列肆，五花八门，各店争邀生意，招徕顾客的热闹情景。

唐宋时代，是中国古代商业发展的鼎盛期。敦煌文献 S.5641 号《王梵志诗》中就有"行行皆有铺，铺里有新货"的生动描写。唐宋时代商业的发达也从上面招徕顾客的套用叫卖口号中得到了印证。P.3644文书第二首是：

ム乙铺上且有：橘皮胡桃瓤，栀子高良姜。陆路诃黎勒，大腹及槟榔。亦有荜萝荜拨，芜荑大黄。油麻椒蒜，河（荷）藕弗（拂）香。甜干枣，醋（错）齿石榴。绢帽子，罗幞头。白矾皂矾，紫草苏芳。秒（砂）糖吃时牙齿美，饧糖咬时舌头甜。市上买取新祆，街头易得紫绫衫，阔口袴，斩（崭）新鞋，大跨腰带拾叁事。

这则广告是杂货铺招徕顾客的口号，其中的商品从橘皮至石榴共18种皆属药材：有的亦为食物及果品，如油麻、藕、干枣、石榴等；有的还是调味品，如蒜、荜拨、高良姜、荫萝等。袍子、幞头、祆、绫衫、鞋、腰带等为衣物穿戴之属。还有医治疾病的药物等。可谓品种繁多，琳琅满目。货物来自四面八方：胡桃瓤、大黄、蒜、干枣等产自本地；白矾、皂矾、花椒等产自陇西；陈皮、油麻、荷藕、芜荑等产自中原、川陕及江南；栀子、高良姜、陆路等产于两广云贵；胡桃、石榴、大腹皮、槟榔产自西域。既有土产，又有外来品，更有外国进口"洋货"。所有这些广告，对买主都有着强烈的吸引力、诱惑力和鼓动作用。

中国古代向来重文轻商，古人有"小人近市"（《左传》），"小人喻于利""君子谋道不谋食"（《论语》），"法律贱商人"（《汉书·食货志》）等警句。在士人心中深深种下轻商的观念，对商贾贷卖之事不屑笔之于文，故而在古代典籍中记录市井商贾招徕行事者极为罕见。因此敦煌文献中的这两则广告作品，可谓弥足珍贵。并且文字押韵，琅琅上口，生动形象，千载之后读之，仍可从中感受店家殷勤之态，市井叫卖之声充耳，货品陈设之炫目耀眼，堪称中国古代商业文化之一绝，为后代广告之先声。

以物易物的交易方式

由于敦煌扼丝绸之路的咽喉，所以丝路的兴衰直接影响到当地的商贸，隋唐正是丝路畅通、贸易昌盛之际，敦煌的商业贸易亦随之繁荣。

本来随着商贸的兴盛，作为商贸活动交换手段的货币也应同步发展。从敦煌文献来看，初、盛唐时期确有货币流通的记载，如 P.3348V《天宝年间河西豆卢军和籴会计牒》载："（合当军）伍仟陆佰疋（匹）大生绢，疋估肆佰陆拾伍文，计贰仟陆佰肆贯文。"对百姓和籴的斛斗值一律折成货币。还有五谷时价，如 P.2626 载："小麦壹斗值四十九文。"可见市场流通货币。

但从中唐吐蕃统辖以后，直至归义军时期，敦煌却出现了以物易物的现象。如支付人工钱：S.6185《归义军衙内用粮历》载"支牧牛人杨阿律丹等叁群各粗面柒斗，共粗面两硕壹斗"，"支托壁匠粗面贰升，拽锯人夫粗面肆升"。买物也不付钱币，如买饼用麦子换，据 S.5830 记载："胡饼四十，麦肆斗。"买酒用粟来换，如 P.2040 载："粟柒斗壹胜卧酒及古（沽）"，"粟叁斗沽酒，下城来日就大和尚院众僧吃用"。用麻换油，P.4913 载："阳僧律油壹升，见麻壹斗贰升。"以绢换牛，如 P.4083 载："买五岁耕牛一头，断作价值生绢壹疋，长三丈七尺。"买其他物品也多以麦粟进行交易，如 S.6064《未年（约 9 世纪前期）正月报恩寺诸色入破历算会稿》载："正月一日，麦一石，沽苏（酥）供僧食。九日，麦一十六石四升，还裙价。十一日，麦一十石，乞音声。二升麦，买苁蓉。"（图 9-34）P.2032 净土寺账目中也记载："麦叁硕贰斗、粟壹硕伍斗，于写匠田盈子边卖（买）铁古路釜子用。"从吃的、穿的到用

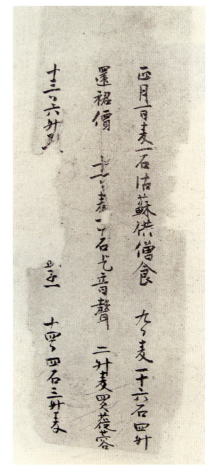

图 9-34　S.6064《未年正月报恩寺诸色入破历算会稿》

的都可以物易物。

为什么中唐以后敦煌地区不流通货币，究其原因：一，吐蕃民族不使用中原货币，其国内亦无货币流通的记载。二，盗铸蜂起，恶钱泛滥，形成通货膨胀。唐代铸钱，必经朝廷敕准，据《旧唐书》卷48《食货志》载："敢有盗铸者，身死，家口配没。"但事实上是有禁不止，各地自铸、私人盗铸，比比皆是，恶钱大量流入社会。尤其是安史之乱后，钱价不定，屡次贬值改易，钱为虚钱，造成人心不定。元和十五年（820年）以后，税额改配端匹斤两之物，包括租庸课调均不计钱，而以疋帛、粮食折纳，因此形成物渐重、钱渐轻，贱钱而贵物的观念。三，敦煌当地缺乏铸钱所需的铜，所以无法自铸，如由中原转送，路途遥远，费用昂贵，而且沿路经常发生抢掠。如 P.2962《张议潮变文》所记述的，天使的国信都被回鹘劫夺，可见路途之艰险。在上述诸种因素的作用下，敦煌在中唐以后实行以物易物制。四，当地自给自足的自然经济，为以物易物打下了基础。

第十章

兵器图谱

各式各样的兵器

在藏经洞出土文献 P.3841《唐开元二十二年沙州会计历》中，记载有甲仗兵器的数目，如："壹佰肆拾伍领甲身、玖拾贰领铁、肆拾捌领皮、伍领布、陆拾伍事头牟、肆拾肆事铁、贰拾壹事皮、壹佰壹拾陆事覆贱、柒拾陆事铁、肆拾事皮、陆拾玖事掩腋、并铁，数内壹拾陆事明光、贰拾玖事囤项、并铁，壹佰玖拾伍张枪、伍拾陆面弩弦、玖张戎祖弩弓、叁拾捌口陌刀、壹仟壹佰玖拾伍只弩箭、伍具钺戎、壹佰柒拾肆面板排。"（图 10-1、2）

从文献中可以看到，当时敦煌的兵器有甲（头牟、覆贱、囤项、掩腋）、枪、弩弦、戎祖弩弓、陌刀、弩箭、钺戎、板排等。其中记载的造甲材料有铁、皮、布。甲分为四部分，头牟即头盔，囤项即颈甲，又名锣锻，掩腋为腋下之甲，覆贱为臂铠。文献中所记载的钺戎，据《唐六典》记载器用之制，其三为钺戎。注云：武王军中有大柯斧头，刃广八寸，重八斤，名为天钺，即今之大钺也。魏晋以来，上公

图 10-1　P.3841　唐开元二十二年沙州会计历

图 10-2　P.3841　唐开元二十二年沙州会计历

亲征，犹假其器。可见钺戎不是兵器，而是象征用兵，征讨之物。沙州会计历中记载有五具钺戎，说明敦煌在军事征讨上的地位。关于板排，唐代彭排之制有六、膝、团、漆、木、联、皮。排即盾；板，玉篇云："片木也。"可知板排即武库令职掌条中的木排，也就是木制的盾。另外，文书中还记载了铛、釜、镬、锅等炊事用具，以及生熟铁、索、斧、锯等器物，而这些也是军事中不可缺少的必需品。

文书中所记载的明光，是铠甲的一种。隋唐以来，铠甲的发展多样化。甲有明光甲、光要甲、锁子甲、马甲等 13 种类型。明光甲名字的由来，与胸前和背后的圆护有关。因为这种圆护大多以铜铁等金属制成，并且打磨的极光，颇似镜子。在战场上穿明光甲，由于太阳的照射，将会发出耀眼的"明光"，故名。这种铠甲的样式很多，而且繁简不一：有的只是在两裆的基础上前后各加两块圆护，有的则装有护肩、护膝，复杂的还有数重护肩。

敦煌壁画和彩塑中，保留了大量有关古代兵器的图像资料，不仅有不同形式的交战场景，而且有不少操练、出征队列和阵容设置。出现在历代壁画中的兵器就有手刀、长柄刀、腰刀、长矛、长枪、盾牌、长戟、三叉戟、斧、金刚杵、弓箭、剑、杖、铁棒、铁钩、绢索、铁爪篱等数十种。

如西魏第 285 窟《五百强盗成佛图》中，其中的官兵为我们提供了当时骑兵的典型形象。他们头戴兜鍪，身披两裆铠，骑着披有具装铠的战马，手执长柄槊，腰间悬挂盛弓的袋和盛箭的箙服。而壁画中的那些强盗则是当时一般步兵的形象，他们头上没有兜鍪，身上没有护甲，穿的是袴褶，为了方便战斗，还在膝盖下面用带子缚一下，脚上穿的是麻鞋；所使用的兵器，有长柄的戟，短柄的环首刀，和刀配合的是大而长的楯。第 285 窟的壁画，生动描绘了当时人马全披铠甲的甲骑具装和轻装步兵战斗的场景（图 10-3）。又，隋代第 420 窟《法华经变》中，描绘了西域商队与一群全副盔甲的盗贼搏斗的场面，从中也可以看到当时的甲骑具装和兵器。

又如隋代第 380 窟东壁南北两侧的天王，南侧头戴兜鍪，北侧头戴三珠宝冠，

图 10-3 西魏第 285 窟南壁 五百强盗成佛图·作战图

图 10-4　隋代第 380 窟东壁北侧　　　　图 10-5　隋代第 380 窟东壁南侧　　　　图 10-6　初唐第 322 窟西壁
　　　　天王　　　　　　　　　　　　　　　　　天王　　　　　　　　　　　　　　　　龛内北侧　天王

都身穿明光甲，手持长矛，脚踏地鬼（图 10-4、5）。初唐第 322 窟的彩塑天王，戴头牟、囲项、覆膊、掩腋，全身披挂胸甲、身甲、战裙（图 10-6）。晚唐第 12 窟南壁《法华经变》中，描绘了一个小国正处于兵临城下之际，国王召集群臣正在商议抵御敌人之策。两军隔河对垒，城门上指挥者擂动战鼓，只见全身铠甲的骑士各持刀、矛、盾牌，奋勇厮杀，旌旗蔽日，战马奔腾，弓箭手也在隔岸对射，有的中箭落马，有的坠入水中，生动形象地反映了当时的战争场面（图 10-7）。

盛唐第 217 窟北壁《未生怨》中的"兵士集体枪盾对练图"，是一幅反映唐代军事操练的珍贵图像资料。画面中绘一方形城郭，城外是两行正在操练的队伍，五人执枪与五人持盾两两相对。执枪者作进攻状，枪缨闪动；持盾者短刀在手目视对方，作防守状。周围有骑在马上的将领，也有观看表演的官员。画面中一攻一防的动作十分清晰，说明表演的项目是成套的假设性的攻防练习（图 10-8）。

图 10-7　晚唐第 12 窟南壁　法华经变·作战图

　　榆林窟西夏第 3 窟《千手千眼观音经变》中，描绘了矛、盾、宝剑、宝戟、斧钺、弓箭、刀、金刚杵、绢索等各式各样的兵器，可谓我国中古时期的兵器图谱。

图 10-8　盛唐第 217 窟北壁　未生怨·操练图

新型兵器有火枪

火药是中国四大发明之一，把火药运用于战争，也是从中国开始的。不过，火药是如何运用于战争中的呢？研究中国科技史的专家在敦煌藏经洞出土的一幅绢画中，找到了令人感兴趣的一个线索。

这是一幅现藏于法国集美博物馆编号为 MG.17655 的绢画，内容为表现佛传故事的《降魔变》，主要描绘佛陀成道时施展佛法打破魔王波旬的壮阔场面。画面描绘释迦手结降魔印，结跏趺坐在华丽的天盖下；上方立于云端的是三面八臂的降三世明王。释迦佛的周围描绘姿态各异的魔军恶鬼，四面猬集，手持各种兵器，猖狂向释迦进攻。在释迦左侧上方的魔军中，有一个头顶上生有三个毒蛇头的魔兵，赤裸上身，下穿犊鼻裤，正双手握持一种形态奇特的喷火兵器，正喷火向

图 10-9　藏经洞出土五代绢画　喷火兵器

释迦进攻。该兵器的形状为长筒状，前端作展口形，筒身束有几道箍，筒后安装有较细的柄，从筒口喷射出熊熊火焰（图 10-9）。据英国著名的中国科技史专家李约瑟博士考证，这个兵器显然是一个火枪。他在《关于中国文化领域内火药与火器的新看法》一文中说："现在必须把火枪的发明向前推 200 年，因为克莱朗·布雷赫特在巴黎集美博物馆里发现了一张关于佛教的横幅画，其年代可确定为约公元 950 年，上面画的显然是一支火枪。"他甚至认为："这支火枪除了装有火药外，里面还塞满了金属弹丸或碎金属和碎瓷，这些随着火焰一起射出。"另外，西方学者罗伯特·坦

普尔在他的《中国的一百个第一》中亦认为这是中国最早的火枪。他说:"大约在公元950年中国出现了最早的原始枪:火枪。而世界上第一幅细致描绘枪的图画是在一面10世纪中叶的绸旗上。"

现存世界上最早的古代枪炮——管形射击火器的实物,是1980年5月在甘肃武威出土的一尊西夏铜火炮。炮长100厘米,重108公斤,由前腔、药室和炮尾三部分组成,除口沿外,其余部分均未铸固定箍。炮内尚存0.1公斤火药和一枚直径8厘米的铁弹丸。这是至今发现的世界上最古老的金属管形火器实物,炮内遗存的火药,也是世界上现存最古老的火药样品。不过,与敦煌绢画上描绘的火枪相比,西夏铜炮要迟二百年。

具有革命性意义的马具

在人类社会发展历程中,马的驯养成功和各种为使用马而创造发明的用具,如挽具、驮具、马镫等,可以说具有革命性的意义。特别是在冷兵器时代,马及其马具的使用,极大地促进了人类社会的发展。在对马的使用上,中华民族走在了世界的前列。

敦煌壁画中,保存了许多有关马及其马的用具的图像资料。

在古代,马首先用来拖拉车辆。马能够有效地拖拉车辆,挽具是最关键的。据学者考证,马的胸带挽具、颈套挽具都是中国人发明的。英国的中国科技史专家李约瑟博士《中国科技史》中,列举了26项从中国向西方传播的机械和其他技术,其中第十一项就是牲畜的两种挽具,即胸带挽具和颈圈挽具。他认为,这项技术的使用西方晚于中国大致6~8个世纪。欧洲现存最早的胸带挽具图像出现在8世纪的一座爱尔兰人的纪念碑上,而中国大约商周时期就已经普遍使用胸带挽具了。春秋战国时期,各诸侯国的军事力量对比,就是以战车乘数的多寡来衡量的。欧洲的肩套挽具最早出现在10世纪早期,而在4~5世纪北魏时期绘制的敦煌壁画《九色鹿本生故事画》中,王后乘坐的马车已明显画出马的肩套挽具了(图10-10)。

图 10-10　北魏第 257 窟　九色鹿本生中的马车

又如晚唐第 156 窟《宋国夫人出行图》中，可以清楚地看到宋国夫人车队车辕上五匹马的肩套挽具。这些肩套的口是向上开的，这和中国北方地区现代农用马、骡、驴的挽具使用方法相同。对于敦煌壁画中北朝以来的马挽具，李约瑟博士曾给予高度评价，他说："大约公元 6 世纪，在（中国境内的）中亚佛教石窟画上会看到既有'颈圈'挽具，也有'胸带'挽具，这清楚地告诉我们，有效的挽具在公元 400 年至 1000 年之间传到了欧洲。那些认为每件物品都来自欧洲，'伟大的白种人'是地球上最优秀的民族而且天生就聪明的人，应当学习一点历史，以便承认欧洲引为骄傲的许多东西原来并不是欧洲产生的。我认为有效的牲畜挽具显然就是这些东西中之一。"

在莫高窟西魏第 285 窟和北周第 296 窟的《五百强盗成佛图》中，还发现了另一种重要的马具——骑兵用来保护战马的马铠。这些壁画中的战马，全身披挂甲片，头戴面套，开有耳孔和眼孔；马上骑着头戴兜鍪、身披铠甲、手执兵器的武士（图 10-11）。马铠，大约在汉末三国时代开始用于实战，现知最早使用马铠的例子，是曹操和袁绍之间的战争。但当时两军装备数量都不多，据曹操自己讲："（袁）本初马铠三百具，吾不能有十具。"（《魏武军策令》）经过三国两晋的发展，到了十六国时期，军队的骑兵已经普遍装备马铠。莫高窟第 285 窟、第 296 窟画的马铠，是我国西魏、北周时期的重要形象资料。李约瑟博士在《中国科技史》中对此亦给予了高度评价，指出骑兵用来保护战马的马铠的发明和作用，也是中国人民为世界文明做出的一大贡献。他说："我在敦煌石窟佛寺中看到北魏时（从 450 年开始）披着马皴的马和全身盔甲的骑兵大为惊奇，因为这使我想起 1000 年之后欧洲中古时期的骑士们。"

还有一种在战争中尤为重要的马具，就是马镫。马镫的发明和使用，使骑兵和战马很好地结合在一起，人和马的力量由此合在一起全力攻击敌人。最初古人骑马时由于没有马镫，当马飞奔或腾跃时，骑士们只好双腿夹紧马身，同时用手紧抓马鬃才能防止跌落马下。曾经亚历山大大帝率军横跨整个中亚时，他的骑士们的双腿也只能横跨于马鞍两侧，双腿没有任何东西可以支撑，其艰苦可想而知。马镫大大减轻了骑马者的辛劳，使骑马人感觉舒适轻松，同时腾出双手以便和敌人作战。

敦煌壁画中，最早出现马镫的是北周第 290 窟，其中佛传故事绘太子夜半逾城后，命车匿牵马回还的场面中，所描绘的马都备有马鞍，同时也描绘了马

图 10-11　西魏第 285 窟　全身披甲的战马

镫。唐代以后，随着各种大型经变的增加，壁画中描绘骑马者以及马镫的画面日渐增多。如初唐第 321 窟壁画中的骑士，初唐第 329 窟壁画中的马群，盛唐第 130 窟壁画中的骑马武士，盛唐第 217 窟壁画中的骑马旅行者，第 431 窟初唐壁画中的马

图 10-12　第 431 窟初唐壁画　马夫与马

夫和马，晚唐第 156 窟壁画中张议潮骑马像及其骑兵队伍，五代第 100 窟壁画中曹议金夫妇骑马像及其骑兵队伍，所绘的马全是备鞍带马镫的。这些壁画中的所描绘的马，有的骑着人，有的没有骑人，因此从不同角度表现了马镫的形制。壁画中的马镫均为三角形，脚踏的底部是椭圆形，形体较大而且比其他部位厚实，说明当时的马镫已很科学，骑者脚踏上很稳（图 10-12）。敦煌壁画中有关马镫的画面，为了解我国马镫的发展提供了非常宝贵的形象资料。

马镫在人类历史上具有革命性的意义，正如美国史学家林恩·怀特说："只有极少数发明像脚镫这样简单，但却在历史上产生了如此巨大的催化作用。"李约瑟

博士在评价马镫的作用时也说："直到 8 世纪初期在西方（拜占庭）才出现脚蹬，但是它们在那里的社会影响是非常特殊的。……我们可以这样说，就像中国的火药在封建主义的最后阶段帮助摧毁了欧洲的封建制度一样，中国的脚蹬在最初却帮助了欧洲封建制度的建立。"

第十一章

社会治理

打击豪强、鼓励通商的利民措施

东汉后期，由于频繁的羌族之乱，加上地方豪强割据一方，使东汉朝廷无力有效地统治敦煌，二十多年间没有任命过一位敦煌太守，这里成为当地大族豪强的地盘，史称此地"大姓雄张，遂以为俗"。这些大姓，包括了张、曹、索、令狐等，把持了敦煌地区的政局。曹魏初年，虽然派了尹奉到敦煌出任太守，由于地方豪强势力强大，他也只是听之任之，"循故而已，无所匡革"。

直到魏明帝曹睿太和时期（227～232年），仓慈出任敦煌太守，采取了一系列强力措施，敦煌地区的情况才有了改变。仓慈到任后，首先采取措施打击大姓豪强，抚恤贫困百姓，赢得了普通民众的支持。当时，这些大姓豪强霸占了大量的良田，而老百姓却无立锥之地。仓慈实行据地出赋的办法，规定多占田地的人多出赋税，少占者则少出。通过这一合理的解决办法，使豪强们不敢多占田地，势力有所收敛，老百姓的日子便好过多了。

其次，仓慈严刑峻法，对不法之徒严厉打击。过去，敦煌豪强恶霸专横强暴，无所不为，而以往的官府都不敢对他们进行过问、治罪。仓慈把本郡各县的案件都集中到郡衙中，亲自审问，料简轻重，逐一判理。如果不是犯了死罪的，鞭笞之后，即行放遣。这样，一年之中，犯罪者不足十人，社会秩序得到了稳定。

同时，仓慈利用敦煌地处东西交通的咽喉要道这一有利条件，鼓励西域胡商前来通商贸易，致力发展经济，也加强了与少数民族之间的友好关系（图11-1）。过去，西域商人要到中原通商贸易，常常被敦煌本地的豪强们强取豪夺，欺诈侮辱，使胡商产生怨恨。仓慈鼓励通商，对若要通过敦煌东去京师洛阳的，就发给他们过所（类似通行证）；想要在敦煌本地贸易的，则由官方拿出货物，与之平价交易，

图 11-1　北周第 296 窟窟顶北披　福田经变·丝路商旅

并派官兵保护胡商。另外，还鼓励少数民族与汉族通婚。这些措施，深受西域胡商的欢迎，仓慈也因此得到了他们的爱戴。

为此，几年之后，仓慈在敦煌去世，本地官吏、百姓十分悲痛，就好像自己的亲戚丧亡一样，并为其绘画遗像，进行纪念。仓慈去世的消息传到西域，胡商们也在高昌的戊己校尉处及楼兰等地举行集会，表示深切的哀悼，甚至以少数民族的风俗用刀划面来表达他们对仓慈去世的沉痛哀悼，还在西域为他建立了一座祠堂，进行纪念。

推广技术、移风易俗的改革措施

西汉时期，河西走廊先为月氏、乌孙所居，后来他们被匈奴所驱逐，这里便成为匈奴人的天下。月氏、乌孙、匈奴都是游牧民族，所以敦煌地区农业发展水平非常低下。直到西汉武帝击败匈奴、设立河西四郡之后，从中原内地迁徙了大批人口来到这里，又命令军队在此屯田，经过汉族军民的辛勤开垦，敦煌农业经济才缓慢地有所发展。如汉武帝元封六年（前105年），济南人崔不意出任渔泽都尉，曾教导人民耕种田地，"以勤效得谷"，敦煌郡辖下的效谷县即因此而得名。然而，敦煌毕竟地处边陲，这里还生活着许多少数民族，经济落后，民风淳朴，甚至保留了一些古老习俗。

据记载，直到东汉末年，敦煌地区的人民仍然不太懂得农田耕作之法，经常采取灌溉潴水，等土地全部浸润之后，再进行耕种。这一灌溉耕作的办法，使农业生产效率非常低下。另外，当时的敦煌人还不懂得使用耧犁这一生产技术。如此，敦煌的农业生产既费时又费功，浪费了珍贵的绿洲水资源和无数的人力物力，而收成却很低。

曹魏齐王曹芳嘉平年间（249～255年），皇甫隆出任敦煌太守。到任之后，他决心改变当时的落后状况，教导敦煌人民学习先进的农业生产技术，耕种使用耧犁，灌溉时采取衍溉之法，极大地提高了劳动效率。

我国使用的播种工具——耧，大约发明于汉代以前，汉武帝时搜粟都尉赵过"教民耕殖"，在过去耧的基础上创造了更先进的同时能播种三行的三脚耧，即耧犁。用三脚耧播种，只用一牛牵耧，一人扶耧。种子盛在耧斗中，边行边摇，种子自行落下，它能同时完成开沟、下种、覆土三道工序。使用耧犁播种省力，行距均匀，深浅一致，出苗整齐。三脚耧的发明使用，是人类播种技术的一大进步。

敦煌太守皇甫隆就曾教敦煌农民制作、使用先进的播种工具——耧犁。据古代农书《齐民要术》记载："皇甫隆为敦煌太守，民不晓作耧犁及种，人牛功力既费，而收谷更少。皇甫隆乃教作耧犁，所省庸力过半，得谷加五。"皇甫隆教敦煌农民使用三脚耧，劳动力节省了一半，产量增加了五成。

播种用的耧犁，宋代梅尧臣在《和孙端叟寺丞农具十五首》第三首《耧（耧）种》曾描写道："农人力已勤，要在布嘉种。手持高斗柄，嘴泻三犁垄。"诗人所咏的就是三脚耧，宋时已广泛使用，但历史记载却无形象资料，而敦煌宋代第454窟窟顶东披《弥勒经变》反映"一种七收"的画面中，描绘的正是一个农民用三脚耧进行播种的情景：种子盛在耧斗中，耧斗与空心的耧脚相通，边行边摇，种子落下。该窟窟顶南披也绘有一幅用三脚耧进行播种的情景

敦煌壁画三脚耧的出现，充分说明自皇甫隆在敦煌教作三脚耧这种先进的播种工具后，由于它适应于敦煌地区农作播种的需要，因此能长期保留下来。直到今天，在甘肃省河西及敦煌地区，农民播种小麦等农作物，仍在普遍使用三脚耧。敦煌壁画三脚耧是我国宋代播种耧的唯一形象资料，这一珍贵史料的发现，不仅为研究我国宋代耧犁的构造提供了重要依据，同时它还上接汉、唐，下连元、明、清，把我国两千多年来耧犁的发展演变史系统地连接起来，是研究中国农业技术发展史的珍贵资料。

当时的敦煌，还流行一种风俗，妇女所穿的裙子，皱缩得像羊肠一样，做一条裙子需要一匹布，非常浪费。太守皇甫隆对此也进行了改革，从而节省了布匹，减少了浪费。

皇甫隆为发展敦煌农业经济而推广先进技术，以及为节约布匹而移风易俗，都是施惠于民、为民兴利的有效改革措施。

奉中原王朝为正朔的政策

910年，敦煌的张承奉听到朱温灭掉唐朝、篡夺帝位的消息后，也仿效中原内地建立了西汉金山国，成立了五代十国之外的又一国。但是，这个割据小政权不久便被甘州回鹘打败，势力衰微。到了914年，时任沙州长史的曹议金被敦煌本地军民推戴为首领，取代张氏执掌政权。

曹议金上台后，面临来自甘州回鹘、西州回鹘的东西威胁，同时已失去河西广大地区，只辖有瓜、沙二州和紫亭、悬泉、雍归、新城、石城、常乐六镇，人口不过万数，势单力薄。在这种形势下，他审时度势，权衡利弊，吸取了张承奉割据称帝的失败教训，于是一改独立建国的旗号，自称归义军节度兵马留后，奉五代中央

皇朝为正朔。这一举措经过艰难的努力，曹议金多次派遣使节，出使中原，一直到后唐庄宗同光二年（924 年）才得到中央朝廷的正式承认，授予曹议金节度使旌节。

从此，归义军在中原皇朝的政治支持下，在瓜、沙二州站稳脚跟，获得稳定发展。有一篇敦煌文献中说道："若不远仗天子威力，河湟必恐陷戎夷。"这正是曹议金奉行以中原皇朝为正朔这一政治策略的实施结果。

曹议金任节度使期间，在处理同中原和周边民族关系上，给子孙留下两个重要原则：一是无论中原政局如何变化，始终号称"归义军"，奉中原为正朔，朝贡不断；二是归义军政权与境内各民族分掌政权。因此，曹氏政权一直与中原保持密切的关系，始终使用中原年号，保持着中原的制度和文化。

曹氏时期的敦煌，社会相对安宁，丝路畅通，商业繁荣，使者往来不绝，"自瓜沙抵于阗，道路清溢，行旅如流"，敦煌更是"六蕃之结好如流，四塞之通欢似雨"，曾一度出现"风调雨顺，岁熟时康，道塞清平，歌谣满路"的升平景象。

曹氏政权奉行以中原王朝为正朔的政策，在敦煌壁画中也有反映。如五代第 36 窟前壁两侧的《龙王礼佛图》，画面中绘八大龙王率领眷属赴会礼佛，龙王头戴宝冠，项佩璎珞，身披长巾，龙女头梳单髻髻，披云肩，着大袖裙襦，皆人身龙尾，双手捧香炉、香花、宝珠等供品在海水中缓缓行进。浩浩荡荡的礼佛队伍位于窟门两侧，好像前往中原朝廷献供的边地小国或地方政权的王族人员（图 11-2）。

另外，这一时期与龙王礼佛图并存的窟顶团龙、双龙、四龙、四凤藻井等龙凤图像，也反映了地方政权与中原王朝的关系。绘制团龙一方面是歌颂中原王朝、感激中原王朝的恩典，另一方面也表现自己是龙的传人。而绘制双龙、四龙藻井就可能有两种意思：其一仍是歌颂中原王朝，其二表明自己是辅助中原王朝的佐臣，也暗示自己是"诸侯"，是"地方龙"，但总的来说，心向中原的倾向是显然的。特别是窟门两侧的《龙王礼佛图》，更是反映了各地方政权在中原王朝面前的一种自卑或自谦心理，但同时也表现了他们在一定范围内相对为王的自尊、自大心理，因此都甘愿以礼佛之龙自居。

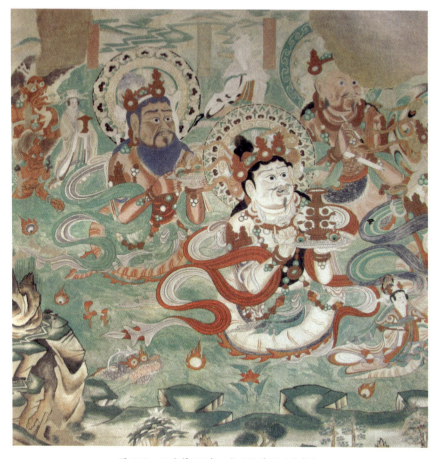

图 11-2　五代第 36 窟　龙王礼佛图（局部）

　　值得注意的是，图中的龙王不是唯一的，更不是至高无上的，而是由八大龙王同率以龙女为代表的龙后、龙子、龙孙等一大龙族。

　　所以，龙王礼佛图实际上反映了当时河西各族人民心向中原的情感，同时也反映了敦煌地方政权奉行以中原王朝为正朔的政治策略。

真诚平等的和亲联姻政策

　　10 世纪，朱温篡唐改国号为后梁，中国再次进入大分裂时期，中原及北方地区像走马灯一样，在半个世纪内更换了五个朝代八家十四个皇帝，环绕五代疆域还有十多个分裂割据的小国，是为五代十国时期。而西北地区，虽有过民族间的暂时的隔膜和冲突，但以归义军为中心的各民族政权，不但能和睦相处，而且都是心向中原。

西北地区的安宁局面，应该归功于曹议金的和亲政策。为了和周边民族保持持久的友好交往，曹氏政权东结回鹘，西联于阗，用联姻通婚的办法与之修好。曹议金不仅自己做了甘州回鹘的女婿，并且还将一女嫁与甘州可汗为妻，一女嫁与于阗国王李圣天为妻。

今天，当我们走进莫高窟五代时期的洞窟中时，就更能体会曹议金和亲政策的用心良苦。

五代第61窟是曹议金之子曹元忠的功德窟，该窟东壁门南所绘的女供养人，是曹元忠的母亲和姐姐等人（图11-3），但画像顺序的排列，则体现了曹氏东结回鹘、西联于阗的根本政策。如东壁南侧的女供养人，第一身着回鹘装，榜题是"故母北方大回鹘国圣天的子敕授秦国天公主陇西李氏一心供养"，所指便是曹议金的夫人。

图 11-3　五代第 61 窟东壁门南　女供养人

第二身也着回鹘装，榜题称"姊甘州圣天可汗天公主一心供养"，这是曹元忠的姐姐，嫁给甘州回鹘可汗为夫人。第三身头戴凤冠，饰步摇，着汉式大袖襦，榜题称"姊大朝大于阗国大政大明天册全封至孝皇帝天皇后一心供养"，这也是曹元忠的姐姐，嫁于阗国王李圣天为皇后。第四身也着汉式大袖襦，榜题称"故慈母敕授广平郡君太夫人宋氏一心供养"，这是曹元忠的生母广平宋氏。这四位女供养人的排列，很能反映曹氏的外交政策。如果不是出于政治的需要，按常理而论，广平宋氏应排在第一位。因为宋氏是曹议金的原配夫人，又是窟主曹元忠的生母，对"甘州圣天可汗天公主"和于阗皇后来说，广平宋氏即使不是亲生母亲，也是母亲一辈的长者。可是，她却被排在第四位，站在女儿辈之后。这说明此时曹家在对待回鹘、于阗的关系上，采取的是联姻、尊敬、礼让的态度。

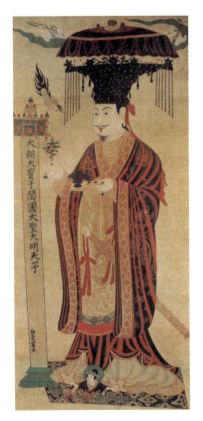

图 11-4　五代第 98 窟　于阗国王供养像

又如五代第 98 窟东壁门南所绘的"于阗国王李圣天像"，高 2.60 米，高鼻大眼，留蝌蚪式八字胡，头戴汉式冕旒，上饰北斗七星，身穿衮龙袍，其服饰与中原帝王相同（图 11-4）。于阗国王身后的皇后，即曹议金之女，头饰凤冠，穿回汉混合装（图 11-5）。榜题分别为"大朝大宝于阗国大圣大明天子……即是窟主""大朝大于阗国大政大明天册全封至孝皇帝天皇后曹氏一心供养"。

这些榜题中首先以"大朝"冠之，可见于阗国王与皇后时时都自觉不忘自己管辖的地方政权是中央朝廷统治下的一部分。所穿戴的龙袍、凤冠等服饰也是其心向中原的表露，由此也可见于阗等地方政权与中原地区的密切关系。

这一时期，于阗、龟兹、吐蕃、甘州回鹘、

图 11-5　五代第 98 窟东壁　于阗国王皇后曹氏供养像　　图 11-6　五代第 98 窟东壁北侧　回鹘公主供养像

吐谷浑、党项等各族政权经常不断遣使向中原朝廷入贡，而在敦煌遗书中，我们也经常看到归义军致甘州回鹘的信里有"其天使般次，希垂放过西来"，说明中原朝廷也不断有敕使西来。如此等等现象，出现在 10 世纪的中国，尤为可贵。须知，此时中原正值分崩离析的五代十国，再后又是积弱难振的北宋。而河西乃至西北地区有这样的安宁局面，一方面缘于归义军政权始终不断和中原地区保持联系，另一方面则应归功于曹氏的和亲联姻政策。

五代第 98 窟东壁门北第一身女供养画像，即曹议金夫人，也就是甘州回鹘可汗的女儿李氏。画面中回鹘公主头戴凤冠，两鬓抱面，身穿回鹘装，后裾曳地，榜题："敕受汧国公主是北方大回鹘国圣天可……"（图 11-6）。在五代第 100 窟中有曹议金夫人回鹘公主身穿茜色大袍，头戴毡笠骑在马上。

这位甘州回鹘可汗的女儿李氏，嫁到敦煌后，不仅被尊称为天公主，同时还被

图 11-7　五代第 100 窟　曹议金出行图

图 11-8　五代第 100 窟　回鹘公主出行图

尊称为"国母"。曹议金在和甘州回鹘联姻之前，已经娶妻，有索氏、宋氏两位夫人，前者为原归义军节度使索勋之女。但是，出于政治上的需要，回鹘公主李氏的地位居于曹议金结发妻子索氏之前。如不仅被称为"国母"，在莫高窟供养人画像中，回鹘公主李氏也赫然位于其他夫人之前。另外，在五代第 100 窟中，与曹议金一道出行的，也是回鹘公主李氏（图 11-7、8）。

回鹘公主在敦煌生活的三十余年间，经历了曹议金及其子曹元德、曹元深三位节度使执政时期，她在敦煌生活的时代正是敦煌地区佛教再次盛行的时代。这一时期，回鹘公主积极参加敦煌的佛教活动，并利用敦煌佛教将曹氏家族的成员笼络在一起，同时也参与归义军世俗政权对敦煌佛教的监督和管理。而且，她还将自己与曹议金生的女儿回嫁给甘州回鹘圣天可汗为妻。这位回鹘公主，对于敦煌地区的安宁有着不可忽视的作用。

如果从中国传统观念角度看，将回鹘公主位列于曹议金的前两位夫人之前，似乎有些不平等，但从国家与国家的关系来看，特别是从我国汉唐大多数和亲公主或假或半真半假的情况来看，曹议金与甘州回鹘、于阗国王的和亲联姻应该说是真诚平等的，真正有利于这些地区的安定团结。

鸠杖：老年人权益的象征

敬老养老在中国古代有悠久的历史，既是人们崇尚的传统美德，又曾是政府制定的法律制度。甘肃省博物馆珍藏的木、铜鸠杖和木简《王杖诏书令》以及敦煌壁画中所绘的鸠杖，便是最好的历史见证。

甘肃省博物馆收藏有数根汉代木鸠杖，如武威磨嘴子 13 号汉墓出土的木鸠杖一根，18 号汉墓出土的木鸠杖两根，武威旱滩坡出土的木鸠杖一根等。其中 1984 年武威五坝山 23 号汉墓出土的一根木鸠杖最为完整，该杖为松木质，长 2.1 米，制作精细，杖身光滑，杖端安装雕鸠，形象逼真（图11-9）。另外，甘肃省博物馆还收藏有青铜鸠杖首一件，该鸠杖首上部立一鸠鸟，鸟尖啄圆眼，有羽翼，尾部上翘；下部为安装杖柄的方銎，方銎四面中间及四边侧均有凸棱，每面的底部都有一个用于加固杖柄的圆孔（图 11-10）。

敦煌壁画中也绘有不少鸠杖，但形象不是很逼真，如盛唐第 130 窟的甬道北壁《晋昌郡太守礼佛

图 11-9　木鸠杖

图 11-10 青铜鸠杖首

图》中，太守后面的侍从（儿孙）群中，一人高举一赭黑色拐杖。杖首为"T"形，犹似雄鹰展翅，亦似飞翔的海鸥（图 11-11）。

五代第 61 窟西壁《五台山图》中，文殊老人右手握拐杖坐于石头上作讲话状。杖首为"T"形，两侧上翘，颇像一只鸟的形状（图 11-12）。

西夏第 97 窟南壁上排西起第一铺的罗汉双手持握一杖，杖首很像一只鸟，画有鸟嘴微张，也画有鸟的尾巴，这是敦煌壁画中比较典

图 11-11　盛唐第 130 窟甬道北壁　晋昌郡太守礼佛图

型的鸠杖（图11-13）。

元代第95窟南壁西侧长眉罗汉双手持握一拐杖。参照人体比例，杖的长度约170厘米；杖首似一鸟形，系根据树干枝杈加工修琢而成，属于鸠杖的变形；杖体为赭色（图11-14）。

鸠杖又叫王杖，因杖首为一圆雕鸠鸟形象而得名。据《后汉书·礼仪志》记载："仲秋之月，县道皆案户比民。年始七十者，授之以王杖，餔之糜粥。八十九十，礼有加赐。王杖长[九]尺，端以鸠鸟为饰。鸠者，不噎之鸟也，欲老人不噎。"也就是说，王杖是朝廷授予七十岁以上老人的一种权利性凭证，鸠鸟是一种敬老尊老的象征物。早在周代就有献鸠敬老的风俗，如《周礼·罗氏》中记载："罗氏掌罗乌鸟，蜡则作罗襦，中春罗春鸟，献鸠以养国老。"汉代朝廷颁行赐杖之制，以法

图11-12　五代第61窟西壁　五台山图·文殊化老人

定形式，将"养国老"的鸠鸟形象与杖相结合，明确定为尊老重孝的标志物。

鸠杖的源起，还可追溯到图腾信仰。将崇拜物形象雕立为石质或木质的图腾柱，置于生活环境中最醒目的位置，祈求它能保佑族群的平安，这是许多原始民族之共习；而将崇拜物形象装饰于柱顶或杖端，让图腾与日常生活用物相结合，则为图腾柱古俗的衍生现象。也就是说，带鸟形标志的图腾柱，衍生为部落首领

图 11-13 西夏第 97 窟南壁西侧 罗汉

图 11-14 元代第 95 窟南壁西侧 罗汉

及氏族长、家族长一类人物的权杖，再普及为老者手扶之拐杖。在此基础上，汉代朝廷颁行赐杖之制，以法定形式，将"养国老"的鸠鸟形象与杖相结合，明确定为尊老重孝的标志物。

汉代授予老年人王杖之制度的详细情况，史书上的记载很简略，而此类文书，目前全国只有武威出土，而且是文字王杖实物同时出现，并且记载内容非常丰富。其中以武威磨嘴子出土的《王杖诏书令》最为完整，最有价值。全文近 600 字，用 27 枚木简抄成（图 11-15），具体内容涉及：

1. "年七十以上"的老人，如果不是主谋或亲手杀人、伤人，"毋告劾，它毋所告"，即一般不起诉、不判刑。这条是关于老年人犯罪问题，给予老年人法律优待。

2. "年六十以上"无子女的鳏寡老人，如果经商，免除一切苛捐杂税。如社会上有愿意"养谨"孤寡老人的，对这些家庭要"扶持"。

3. 对孤独的"盲、珠孺（侏儒）"等残疾人，"吏毋得擅征召，狱讼毋得系"，即不得随便使役派用，也不能抓捕，在法律上给予保护。

4. 对于"夫妻俱毋子男"的"独寡"家

图 11-15　王杖诏书令

庭，种田、经商不收赋税，同时还允许经营特种行业，在市场卖"酒醪"。

5. 同情关怀"耆老"，给高龄者"赐王杖"；在杖头饰鸠鸟，以方便百姓远远能"望见之"；鸠杖与朝廷使用的符节一样，是一种重要的凭证和地位的标志。持鸠杖的老者，可"出入官府节第，行驰道中"；经商不收税；有吏民"敢骂欧（殴）詈辱者"，按大"逆不道"之罪论处。

6. 明确规定"年七十以上"的老人才能被授予"王杖"，持杖者的地位与"六百石"的官吏相同，"入官府不趋，吏民有敢欧辱者，逆不道，弃市"。

从以上诏令可以清楚看到，汉代的优抚对象几乎覆盖了当时社会上的弱势群体，但特别偏重于老年人。从政策倾斜上，涉及政治地位、法律援助、经济支持、生活关怀、社会扶持等诸多方面。其中特别是法律援助和经济支持，杀人不判罪，起诉不逮捕，法律是何等的宽容！经商不纳税，官营的酒类专卖业也允许经营，政策是何等的优惠！由此看来，一根普普通通的鸠杖，实际上是一项扶穷济困、帮弱助残的社会公益福利事业；二十余枚木简上书写的《王杖诏书令》，实际上是一部完整的汉代"老年人权益保护法"。

参考文献

敦煌文物研究所编:《中国石窟·敦煌莫高窟》(全五卷),文物出版社,1982~1987年。

敦煌研究院编:《敦煌:纪念敦煌藏经洞发现一百周年》,朝华出版社,2000年。

季羡林主编:《敦煌学大辞典》,上海辞书出版社,1998年。

段文杰:《段文杰敦煌石窟艺术论文集》,甘肃人民出版社,1994年。

王重民等:《敦煌变文集》,人民文学出版社,1957年。

张弓主编:《敦煌典籍与唐五代历史文化》,中国社会科学出版社,2006年。

马德:《敦煌工匠史料》,甘肃人民出版社,1997年。

彭金章、王建军:《敦煌莫高窟北区石窟》第1~3卷,文物出版社,2000~2004年。

黄征、程惠新:《劫尘遗珠——敦煌遗书》,甘肃教育出版社,1999年。

兰登·华尔纳:《在中国漫长的古道上》,姜洪源、魏宏举译,新疆人民出版社,2001年。

伯希和著、耿昇译:《伯希和西域探险记》,云南人民出版社,2001年。

胡同庆:《品味敦煌》,中国旅游出版社,2008年。

谭蝉雪:《敦煌民俗——丝路明珠传风情》,甘肃教育出版社,2006年。

谭蝉雪:《中世纪的敦煌》,上海人民出版社,2007年。

高国藩:《敦煌民俗学》,上海文艺出版社,1989年。

高启安:《唐五代敦煌饮食文化研究》,民族出版社,2004年。

周峰:《中国古代服装参考资料·隋唐五代部分》,北京燕山出版社,1987年。

马继兴主编:《敦煌古医籍考释》,江西科学技术出版社,1988年。

张侬:《敦煌石窟秘方与灸经图》,甘肃文化出版社,1995年。

王进玉:《漫步敦煌艺术科技画廊》,科学普及出版社,1989年。

王克芬:《中国古代舞蹈史话》,人民音乐出版社,1980年。

董锡玖:《敦煌舞蹈》,[中国]新疆美术摄影出版社,[新西兰]霍兰德出版有限公司,1992年。

高金荣:《敦煌舞蹈》,敦煌文艺出版社,1993年。

王进玉:《敦煌石窟探秘》,四川教育出版社,1994年。

马德:《敦煌石窟全集26·交通画卷》,香港商务印书馆,2000年。

吴越:《敦煌历史人物》,民族出版社,2004年。

李忠武:《天下第一说敦煌》,敦煌文艺出版社,1998年。